全媒体时代
通讯员如何讲好铁路故事

《全媒体时代通讯员如何讲好铁路故事》编委会　编

中国铁道出版社有限公司
CHINA RAILWAY PUBLISHING HOUSE CO., LTD.

图书在版编目（CIP）数据

全媒体时代通讯员如何讲好铁路故事 / 《全媒体时代通讯员如何讲好铁路故事》编委会编. -- 北京 ：中国铁道出版社有限公司，2024. 9. -- ISBN 978-7-113-31447-7

Ⅰ. G212. 2

中国国家版本馆 CIP 数据核字第 2024JD8680 号

书　　名：全媒体时代通讯员如何讲好铁路故事
作　　者：《全媒体时代通讯员如何讲好铁路故事》编委会

责任编辑：付巧丽　　　　**编辑部电话：**（010）51873179
封面设计：郑春鹏
责任校对：安海燕
责任印制：樊启鹏

出版发行：中国铁道出版社有限公司（100054，北京市西城区右安门西街 8 号）
网　　址：http://www.tdpress.com
印　　刷：天津嘉恒印务有限公司
版　　次：2024 年 9 月第 1 版　2024 年 9 月第 1 次印刷
开　　本：710 mm×1 000 mm　1/16　**印张：**19　**字数：**180 千
书　　号：ISBN 978-7-113-31447-7
定　　价：89.00 元

编 委 会

前　言

习近平总书记在党的新闻舆论工作座谈会上强调，“党的新闻舆论工作是党的一项重要工作，是治国理政、定国安邦的大事”“做好党的新闻舆论工作，事关旗帜和道路，事关贯彻落实党的理论和路线方针政策，事关顺利推进党和国家各项事业，事关全党全国各族人民凝聚力和向心力，事关党和国家前途命运”。

习近平总书记的重要论述深刻阐明了新闻舆论工作在党的工作全局中的重要地位、在党和人民事业发展中不可替代的重大作用，把我们党对新闻舆论工作重要性的认识提升到了一个崭新的高度。

近年来，随着互联网技术的飞速发展，舆论生态、媒体格局、传播方式等都发生了深刻变化，信息无处不在、无所不及、无人不用，新闻传播已经进入全媒体时代。面对新形势、新任务和新要求，必须因势而谋、应势而动、顺势而为，尊重新闻传播规律，创新工作方法手段，加快媒体融合发展，不断提高新闻舆论的传播力、引导力、影响力、公信力。

通讯员是新闻宣传队伍中的一支重要力量。从宏观方面讲，是党的政策主张的传播者，时代风云的记录者，社会进步的推动者，公平正义的守望者。从微观方面讲，是企业信息的传递者，是企业文化的传播者，是企业对外形象的塑造者，是企业发展成绩的记录者，任务艰巨，使命光荣。

铁路宣传系统拥有一支庞大的通讯员队伍。他们工作在基层，活跃在一线，埋头苦干，辛勤耕耘，日夜忙碌，全力以赴讲好铁路故事，传递铁路好声音，为铁路事业的高质量发展提供了强大的舆论支持和精神动力。

目前铁路系统新闻宣传的工作任务十分繁重，由于人员短缺，很多基层单位的通讯员身兼数职，一岗多责。他们由于缺少系统的新闻专业培训，还存在基础弱、底子薄等问题，新闻写作能力和水平参差不齐，难以适应新时代新闻宣传工作的要求。在通讯员来稿中，经常发现新闻体裁不分、新闻要素不全、新闻事实不清、关键数据不准、导向出现偏差等一系列问题，这些都对新闻的质量造成了一定的影响。

为帮助广大通讯员进一步提高新闻理论水平和新闻业务能力，更好地做好企业新闻报道工作，在充分调研的基础上，结合通讯员的现状和需求，组织编写了这本新闻写作基础教程。

本书由中国铁路郑州局集团有限公司教材编审委员会组织编写，包括概论、新闻采访、消息写作、通讯写作、深度报道写作、新闻评论写作和新媒体创作等内容，从最基本的写作知识入手，列举了大量优秀的、铁路题材的获奖新闻作品作为新闻范例，逐一进行深入剖析和讲解，详细介绍如何发现新闻线索、做好新闻采访，以及各种文体的写作方法、写作技巧及注意事项。

本书在编写过程中，按照“实际、实用、实效”的原则，坚持守正创新，理论联系实际，力求做到深入浅出、通俗易懂，希望能为广大通讯员提供一些帮助和指导，使之进一步提高新闻写作能力和水平，采写出更多有思想、有品质、有温度、接地气、读者喜闻乐见的新闻佳作。

在全媒体时代，希望广大通讯员坚持守正创新，掌握新知识，熟悉新领域，开拓新视野，不断增强脚力、眼力、脑力、笔力，坚守初心，牢记使命，努力成为一名政治过硬、本领高强、求实创新、能打胜仗的优秀通讯员。

由于能力水平有限，书中难免存在不足和错误之处，敬请广大读者批评指正。

编　者

2024 年 8 月

目　录

第一章
概　论

新闻舆论工作是党的工作的重要组成部分，在信息传递、舆论引导、监督权力、文化传承、社会治理、民主进程、文化交流和价值观传播等方面发挥着重要作用。团结稳定鼓劲、正面宣传为主，是党的新闻舆论工作必须遵循的基本方针。

在全媒体时代，作为铁路行业的通讯员，要知道什么是新闻，了解新闻的表现形式、写作方法和传播规律，要学会发现新闻、判断新闻价值，要具备一定的政治理论素养和新闻专业素养，进一步提高新闻敏感。

本章将围绕新闻的基本知识和通讯员应具备的基本素养展开，讲解新闻的概念、构成和优秀新闻作品的特点，同时介绍通讯员的基本素养，并聚焦通讯员如何提高新闻敏感进行讲解。

第一节 新闻基本知识

新闻传播的目的是向公众传递信息，让人们了解最新的社会动态。对于通讯员来说，首先要了解新闻的概念、构成和优秀新闻作品的特点。

一、新闻的概念

新闻是指对新近发生的事实的报道。它是报纸杂志、广播电视及互联网等媒体上记录和传播信息的一种文体。

新闻的定义包含了三个层面的意思：一是“新近发生”，这是指新闻的时效性，一般来讲，新闻越新其价值越大；二是“事实”，就是指新闻必须用事实说话，真实是新闻的生命，新闻不能杜撰，不能掺假或造假；三是“报道”，这是指用合适、恰当的新闻体裁向大众进行信息传播。

“新闻”一词有广义和狭义之分。广义的新闻指各种新闻体裁的总称，包括消息、通讯、特写、调查报告等。狭义的“新闻”指的就是消息。

二、新闻的六要素

通讯员从事新闻报道工作，首先要知道一个完整的新闻需要包含哪些新闻要素，然后再考虑想给读者说些什么、讲些什么。

一篇完整的新闻由六个要素构成，俗称新闻的六要素，这就是何时、何地、何人、何事、何故、如何。在采访写作过程中，通讯员要围绕新闻六要素展开采访活动，从中挖掘新闻事实，之后才能撰写稿件。一条新闻往往需要向读者讲清这六个要素。

通讯员在采访中，一定要牢记新闻的六要素，否则就写不出一个完整的新闻。基层通讯员稿件中，经常有一些稿件新闻要素不全。有的稿件没有时间，有的没有单位，有的没有地点，有的没有人物等等，让人看得一头雾水，不知所云。

三、新闻的常见体裁

进入全媒体时代以来，随着信息技术的飞速发展，新闻的传播方式和传播手段发生了巨大变化，新兴媒体呈现出快速发展的趋势，相继出现了全程媒体、全息媒体、全员媒体、全效媒体等，但是无论新闻的传播方式怎么变化，传播手段怎么创新，新闻的传播规律始终没有变，新闻的本质也没有变，始终是纵横不出方圆，万变不离其宗。从新闻的表达形式上看，概括起来有四种常见的新闻体裁。

1. 消息

消息是对新近发生、有社会意义、公众感兴趣的事实，进行迅速及时、简明扼要报道的一种新闻体裁。

这种新闻体裁从形式上讲，文章篇幅较短，内容单一，讲求时效，是新闻报道中最常见的一种文体。

消息的写作要求：新闻要素齐全，文章简明扼要，语言表述准确，时效性强。

2. 通讯

通讯是运用多种表达方式和写作形式，对有新闻价值的人物、事件、工作和问题，进行全面深入、具体生动、迅速及时报道的一种新闻文体。

通讯的写作要求：新闻主题鲜明，内容选材典型，文章结构合理，新闻观点鲜明。

3. 新闻评论

新闻评论是对当前出现的重大新闻事件、热点话题、社会现象和社会问题发表评论、阐明观点、进行评述的一种议论性文体。

新闻评论的写作要求：评论观点正确，语言逻辑清晰，论据准确典型，论证材料有力。

4. 新闻摄影

新闻摄影是以摄影技术为手段，以图片、视频为主、文字为辅，对新近发生的事实及时报道的新闻体裁。

新闻摄影要求：现场抓拍，用光精准，色彩饱满，构图新颖，有视觉冲击力；新闻性强，图文搭配要素完整，文字简洁精巧。

四、新闻价值的评判标准

通讯员学习新闻写作，首先要学会判断和识别什么样的内容和事情具有新闻价值，什么样的新闻是好新闻。只有了解好新闻的评判标准，采写稿件才会有明确的写作方向，才能做到有的放矢。

由中华全国新闻工作者协会主办的中国新闻奖，是中央宣传部批准常设的全国优秀新闻作品的最高奖，在全国每年评选一次。这一奖项不但是新闻工作者的最高荣誉，也是新闻工作者孜孜以求的最高目标。

分析中国新闻奖的参评作品要求，研究历届获奖作品，不难发现好的新闻作品主要有五个特点。

一是在政治导向上。新闻作品应坚持马克思主义新闻观，坚持正确政治方向，坚持正确舆论导向。

二是在新闻内容上。聚焦重大主题，紧扣时代脉搏，关注社会热点，弘扬先进文化，反映行业特色。

三是在表现形式上。作品主题鲜明，表现形式新颖，新闻时效性强，作品富有感染力。

四是在作品质量上。新闻要素齐全，内容真实客观，标题制作精良，语言生动形象，作品结构合理。

五是在作品字数、时长上。坚持短、实、新要求。消息作品不超过 1000 字，评论作品不超过 2000 字，通讯作品不超过 4000 字；以音频为主的消息作品不超过 4 分钟，评论作品不超过 15 分钟，专题作品不超过 30 分钟；以视频为主的消息作品不超过 4 分钟，评论作品不超过 40 分钟，专题作品不超过 45 分钟。

这些标准和要求，就是通讯员从事新闻报道工作的努力方向和追求目标。

第二节　通讯员应具备的基本素养

通讯员是党的新闻宣传工作的一支重要力量。基层通讯员大多来自企业的生产一线，担负着做好本职工作和新闻报道工作的双重任务，既是一名普通的劳动者，又是弘扬真善美、传递正能量的传播者，责任重大，使命光荣。要想成为一名优秀的通讯员，把企业的新闻报道工作做得有声有色，就要具备一定的政治理论素养和新闻专业素养。

一、通讯员应具备的政治理论素养

党的十八大以来，以习近平同志为核心的党中央高度重视新闻舆论工作。习近平总书记在党的新闻舆论工作座谈会上强调，“党的新闻舆论工作是党的一项重要工作，是治国理政、定国安邦的大事”“做好党的新闻舆论工作，事关旗帜和道路，事关贯彻落实党的理论和路线方针政策，事关顺利推进党和国家各项事业，事关全党全国各族人民凝聚力和向心力，事关党和国家前途命运”。习近平总书记明确指出了党的新闻舆论工作的职责和使命是：高举旗帜、引领导向，围绕中心、服务大局，团结人民、鼓舞士气，成风化人、凝心聚力，澄清谬误、明辨是非，联接中外、沟通世界。

2018 年 8 月 21 日，习近平总书记在全国宣传思想工作会议上强调，做好新形势下宣传思想工作，必须自觉承担起举旗帜、聚民心、育新人、兴文化、展形象的使命任务。这些论述全面准确深刻地概括了新闻舆论工作的职责使命，体现了时代和形势发展对新闻舆论工作的新要求，指明了新形势下新闻舆论工作的努力方向。

弘扬主旋律，传播正能量，讲好铁路发展故事，传播铁路好声音是广大通讯员的重要使命任务。通讯员要加强政治理论学习，不断掌握新知识、熟悉新领域、开拓新视野，在增强脚力、眼力、脑力和笔力上下功夫，努力做到政治过硬、本领高强、求实创新、能打胜仗。

1. 增强脚力

增强脚力就是要跑得动，这是履行职责使命的基础。通讯员既要有说走就走的行动，又要有脚踏实地的作风。不仅要能够走得开、跑得快，还要走得远、走得实。开展新闻采访和调查研究，就是要走进基层、深入职工群众，做到“心中有方向、脚下有泥土”，既要“身入”基层，更要“心到”一线，俯下身子挖材料、查实情。

好的新闻都是跑出来的，只有脚上沾满泥，深入生活，深入新闻发生的现场，才能采访挖掘出接地气、冒热气、生动鲜活的新闻佳作。

2. 增强眼力

增强眼力就是要看得清、看得明，这是履行职责使命的前提。通讯员既要有明察秋毫的洞察力，又要有审时度势的发现力。

增强眼力就是要有敏锐的眼光和高度的敏感性，善于发现新闻、捕捉亮点、洞悉根本，从细微之处看到本质,从深层次考虑问题。只有这样才能写出有深度、有广度、有力度的新闻作品。这就需要通讯员深入学习党的理论，学习国家的路线、方针和政策，具有一定的理论功底和理论水平，做到思维敏捷，视野开阔，深思熟虑。

3. 增强脑力

增强脑力就是要站得高、看得远，这是履行职责使命的先导。通讯员既要有研机析理的辨别力，又要有精确果敢的判断力。

在新闻采访中，一方面要坚持正确的舆论导向，求真务实，客观公正，不盲从、不臆想，防止出现政治性差错和导向性差错，避免出现“低级红”“高级黑”现象。另一方面要坚持问题导向，学会主动思考问题，带着问题去采访，从收集到的材料里找答案，学会思考和辨析，去伪存真，明辨是非，准确判断曲直，做到思接千载、视通万里。

4. 增强笔力

增强笔力就是要写得出、说得透，这是履行职责使命的关键。既要有倚马可待的写作功力，又要有妙笔生花、力透纸背的表现力。

纵观古今中外，凡是在写作上有所成就者，大多善于构思，精于琢磨，用心推敲。贾岛“两句三年得，一吟双泪流”的诗句就道出了写作的真谛和其中的甘苦。

笔力是实践的结果，通讯员只有不断学习实践，不断提高对语言文字的驾驭能力，才能采写出引人入胜、读者喜闻乐见的新闻作品。

总之，脚力、眼力、脑力和笔力是一个环环相扣、相辅相成、紧密联系的有机整体。通讯员要在增强“四力”上做文章、下功夫，不断提高理论素养，增强专业本领，培养优良作风，以脚力深入基层，以眼力明辨真伪，以脑力深入思考，以笔力呈现作品。只有这样，才能更好地担负起新闻舆论工作的职责使命。

二、通讯员应具备的新闻专业素养

新闻采访和新闻写作有其自身的特点和规律，是一门专业性很强的学科。要成为一名优秀的通讯员，就要学习和掌握新闻方面的基本知识和专业技能，从而提高自己的新闻专业素养。那么，通讯员应该具备哪些专业素养呢？

1. 敏锐的新闻嗅觉

新闻嗅觉也叫新闻敏感，是指新闻工作者发现捕捉新闻线索、获取新闻题材、判断新闻价值、挖掘提炼新闻主题的敏感程度。这是一个通讯员应具备的基本素养，也是衡量通讯员政治理论水平和新闻业务能力的标尺，新闻敏感直接关系到新闻采访成功与失败。

首先，通讯员需要有敏锐的新闻嗅觉，要能够从众多纷繁复杂的信息中，及时发现和捕捉到具有一定新闻价值的线索。

其次，通讯员需要具备敏锐的观察力和判断力，通过对新闻素材的深入分析研判，从中识别出新闻的真实性和重要性。

一些通讯员总觉得身边没有新闻可写，其实这正反映出缺乏新闻的敏感，其中的一个原因就是不善于观察、不善于思考。

如何提高新闻敏感？一是要加强党的政治理论的学习，了解掌握国家的重大路线、方针和政策；二是要熟悉掌握本企业和本单位的中心工作和重点任务，了解当前企业的发展动态；三是加强新闻业务的学习，做到多学多看，多思多练，在实践中慢慢感悟，融会贯通，逐步提高。

2. 与人沟通交流的能力

善于沟通交流、建立和维护良好的人际关系，对于通讯员获取信息和新闻素材非常重要。

通讯员要具有一定的社交能力，具备良好的语言表达能力和沟通能力，善于与人交流互动，具有一定亲和力。能通过与人良好的交流和互动，挖掘出自己想要了解和得到的东西。

3. 新闻采写的技能

新闻报道工作是“七分采三分写”，新闻采访和新闻写作是新闻报道工作中两个不可缺少的重要环节。采访是调查了解事实的过程，写作是反映事实的过程。从先后顺序讲，先有采访，后有写作，新闻采访是新闻写作的基础和前提。要想写出好的新闻，就要在采访和写作两个方面同时发力。

首先，通讯员要学会新闻采访。要知道什么是新闻、什么是好新闻，要知道收集获取新闻线索的渠道和方法，要掌握采访的方法和提问的技巧，要学会从众多的素材和材料中，挖掘亮点，找出特点，从而提炼出新闻主题，确立报道写作思路。

其次，通讯员要学习钻研新闻写作知识。要加强新闻基础理论知识的学习，了解和掌握各种新闻体裁的写作特点、写作方法和写作技巧。根据新闻素材，学会运用不同的表现手法和写作形式，撰写出各式各样、符合要求的新闻作品。

再次，通讯员要熟悉和了解铁路系统的专业知识。作为铁路系统的通讯员，要熟悉本系统、本单位的工作，掌握和了解各系统、各岗位的工作性质和业务情况，不当门外汉，不说外行话，要能够用清晰、准确、生动的语言，撰写出专业内行的新闻作品。

4. 持之以恒的精神

新闻报道工作既是一项劳心费力、充满艰辛的脑力劳动，同时又是一项充满挑战、充满快乐的工作。要成为一名优秀的通讯员，必须具备脚踏实地、敢于吃苦、持之以恒、坚持不懈的精神，认真学习，刻苦钻研，勇于挑战自我。

新闻写作是一个循序渐进的过程。初学者经常会遇到各种各样的难题和困惑，或者不会发现新闻线索，或者不会采写稿件，“投入”与“产出”不成比例。这些是每个通讯员都会经历的过程。

对于新闻写作的初学者来说，要想快速成长，需要从三个方面入手。

首先，从写简讯入手。由于初学者没有写作经验，要先从写简讯、短消息开始，因为这类新闻的内容相对单一,一事一报，相对容易上手。

其次，要多学多看。可以多读多看一些报纸刊发的新闻，学习研读好的作品，从中慢慢领悟。

再次，向身边的老师学习。遇到有新闻价值的题材，要虚心向身边的老通讯员、记者请教。有前辈给予点拨和指导，可以减少或避免写作的盲目性，做到事半功倍。

通讯员在撰写完一篇稿件后，不要急于投递稿件，而是要认真地校对几遍，做好以下三个方面内容的核对，不要怕费事。

一是要看事实是否准确完整。重点审核时间、地点、人名、关键数据等新闻要素是否准确无误，是否存在遗漏。

二是要检查文章统一性。看看有没有前后不一致的地方，是否存在顾此失彼、自相矛盾的内容。

三是要仔细校对全文。看看有没有掉字或错别字。编辑对稿件的第一印象很关键，如果错字连篇，稿件的命运可想而知。

通讯员完成以上方面核对后，要交给有关部门和主管领导，在政治上、政策上对稿件进行审核把关。千万不可自以为是，自作主张。一旦稿件出现新闻失实，或者产生其他负面影响，后果会十分严重。

第三节 通讯员如何提高新闻敏感

新闻敏感，是指新闻记者、通讯员在新闻实践活动中练就的一种能力和经验，是新闻业务能力和政治理论水平的综合反映和表现。通讯员对新闻的敏感程度，直接关系到新闻采访和新闻写作最终的成功与失败。

通讯员要想写出一篇优秀的新闻作品，就必须具备一定的新闻敏感，这也是新闻采访和新闻写作的基础和前提。

那么通讯员如何提高自己的新闻敏感呢？

一、加强政治理论学习，提高洞察分析能力

通讯员要具有全局观念和大局意识，善于站到全局的高度，用长远的眼光、宽阔的视野观察事物、分析问题，一方面要加强党的理论和路线、方针、政策的学习研究，提高政治站位和政治理论素养，站稳立场，把握大局；另一方面，要学习和掌握铁路企业的

重大决策部署和重点工作任务，了解企业和单位工作的发展动态，以及在工作推进中涌现的亮点和特色。只有登高望远，上知天气，下接地气，上下贯通，才能做到同频共振、步调一致，写出具有时代感的好作品。

人民日报社原社长杨振武曾说过，记者要有“站在天安门上想问题，站在田间地头找感觉”的政治敏感和思想觉悟。这句话非常形象地讲出了新闻敏感所蕴含的深刻道理。通讯员从事新闻报道工作，一定要学会在大局下思考、在大局下行动。

说起加强政治理论学习，很多通讯员不以为然，觉得似乎与新闻报道关系不大，其实这是一个误区。纵观近年来获得中国新闻奖及河南新闻奖的优秀作品，会发现这些获奖作品几乎都是围绕贯彻落实党的路线、方针和政策，站在一个时代的大背景下精心采写出来的。每一篇优秀作品，都能反映出作者深厚扎实的政治理论水平和把握政策舆论导向的能力。如果没有深厚的政治理论功底做积淀，就很难写出有深度、有力度、有影响力的新闻作品。

二、加强新闻业务学习，提高文字驾驭能力

新闻敏感是一种顿悟式的思维活动，反映了通讯员的新闻职业敏感。

美国新闻学家卡斯柏·约斯特在《新闻学原理》一书中，很形象地阐述了新闻敏感的极端重要性。他说：“一个不善于辨别色彩的人，不能成为一个画家；一个不懂得和谐的人，不能成为一个音乐家；一个没有‘新闻敏感’的人，也不能成为一个新闻记者。”

新闻敏感不是天生得来的，而是要靠通讯员在新闻采访活动和实践中不断感悟、不断培养、逐步锻炼出来。

通讯员要提高新闻敏感，就要在以下三个方面下功夫。

1. 要善于学习

不断加强新闻理论和新闻知识的学习，多看一些新闻业务方面的书籍，多看一些他人的优秀新闻作品，学习他人是如何抽丝剥茧发现新闻线索，如何从众多的素材中提炼出新闻主题的。

新闻写作是一项专业性很强的工作，不但要学习新闻写作的基本知识，了解新闻采访的方式、方法，还要知道各种新闻体裁的写作方式和写作技巧，提高文字驾驭能力，做到写得清、讲得透。

2. 要善于观察

遇到一个事件，要多看多想，多思多悟，用新闻人特有的眼光和思维去分析判断和辨别事件的新闻价值。

一个有新闻敏感的人，会从凌乱、零碎的信息中发现有价值的新闻线索，并且从事件的起始阶段，就能敏锐地察觉到或者预见到未来的发展方向和最终结果，从而得心应手地写出好的新闻作品。

3. 要勤于动手

动手实践是提高新闻敏感的最有效方法。对于初学者来说，要多动手、多锻炼、多实践，在实际工作中慢慢积累经验，学会新闻采访，激发创作灵感，从而逐步提高对新闻的敏感。

第二章

新闻采访

新闻采访是新闻工作者为了获取新闻事实，对事物进行观察、询问、倾听、思索和记录的一项活动，也是采访者与被采访者进行思想沟通、语言交流、互动接触的过程，是一种特殊的调查研究。

新闻采访是通讯员从事新闻报道工作的必修课。通讯员从事新闻报道工作，首先要学会采访。在新闻界有句行话，就是“成在写作，功在采访”。老一代新闻工作者经常说，新闻报道是“七分采三分写”。只有通过深入细致的采访，才能获得真实的新闻素材和新闻事实。

本章将从新闻采访的基本知识讲起，重点介绍如何发现新闻线索、挖掘铁路新闻和做好新闻采访，并结合新闻采访案例分析新闻采访的提问方法和注意事项。

第一节　新闻采访基本知识

在新闻学里，新闻采访是一门单独的课程，对通讯员来讲，了解一些新闻采访的基本知识，学习新闻采访的特点和规律，掌握新闻采访技巧十分重要。

一、新闻采访的特点

新闻采访是新闻写作的基础和前提，新闻采访的主要目的，是了解发掘事实真相，从简单零碎的新闻线索中，迅速捕捉到有价值的信息，从而获取真实准确的新闻事实。具体来讲，新闻采访有以下六个特点。

1. 求新性

新闻贵在新，就是具有一定新闻价值，是值得传播的新信息和新事实。这里所说的“新”，主要是指新典型、新事件、新动向、新经验、新成就、新观念等等。采访必须要立足于“新”，着眼于“新”，紧紧抓住一个“新”字，在“新”字上下功夫。从某种程度上讲，采访的内容越新鲜，其新闻价值就越大。

2. 求实性

新闻要坚持用事实说话，采访特别注重事实的深挖和验证。哲学家依靠概念、判断和推理说服人，文学家依靠文字形象说服人，统计学家依靠数字数据说服人，记者和通讯员采写新闻就要靠事实和真实性说服人。

什么是事实？事实是客观事物已经发生或者正在发生的较为完整的发展过程。真实性是新闻的生命，没有真实性的新闻就不能算是新闻。新闻报道如果传播了虚假信息造成失实，会误导和欺骗受众，引发社会负面舆论，轻者会产生新闻侵权诉讼，重者甚至会影响媒体的公信力和权威性，其后果非常严重。

3. 时效性

新闻传播要做到迅速及时，新闻采访具有很强的时效性。从医学意义上讲，“时间就是生命”；从军事意义上讲，时间就是胜利；从传播学意义讲，时间就是新闻。

新闻发布的时间与事实发生的间隔越短，其新闻价值就越大，影响力就越大。尤其是在突发事件中，采访必须争分夺秒，抢先发声。在信息技术飞速发展、媒体竞争激烈的当今，互联网、电视、广播等媒体早已实现了直播，人们对于新闻时效性的要求就变得更高了。

4. 多变性

采访是一个收集材料、调查研究的过程。在采访初期，通讯员掌握的材料大多是一些零碎的、杂乱的素材和信息，对事件的具体真实情况的了解往往都是模糊的、抽象的。在实际采访过程中存在很多不确定因素，这时候就需要通讯员随机应变，及时转变采访思路，调整采访方向。

5. 连续性

任何事物的发展不是孤立的，而是不断运动变化的，是一个连续不断、逐步渐进的过程，这就决定了采访的连续性。采访要随着新闻事件的变动和发展而逐步深入，不断跟踪挖掘最新的变化和最新的结果。

6. 公开性

新闻采访除了一些特殊情况，大部分都是公开进行的。为了全面准确掌握了解事实真相，在采访之前，通讯员要与被采访者提前沟通，讲清采访的目的和用意，让对方心中有数，做好相关准备工作。

二、新闻采访的难点

新闻采访是一个复杂烦琐、耗时费力的活动过程，其中存在着许多的难点和不确定性，主要表现在速度和深度、准确性的矛盾上。

1. 既要速度，又要深度

新闻采访重要的一点是“快”，但是要在最短的时间里，完成全面深入的采访，是十分困难的。所以，通讯员在采访中要力求两者有机结合，尽量做到两者兼顾。

2. 既要快速，又要准确

在采访中，快速与准确有时候是一对矛盾。通讯员要将两者有机辩证地统一起来，既要做到行动快速，又要保证采访事实的准确无误，力争做到准中求快、快中求准，千万不能“萝卜快了不洗泥”。

在新闻采访活动中，通讯员需要正确处理好速度与准度、真实与生动的关系，合理安排时间，把握采访节奏，快速采访，迅速写稿，努力提高新闻的时效性。

第二节　发现新闻线索的渠道

新闻线索又称新闻“苗子”，是指为新闻报道提供有待证实、需要扩展和深化的简单信息。

新闻线索可能成为新闻，也可能只是假象。新闻线索往往是事件的概况和片段，比较简单粗略，信息零碎，新闻要素不全，只是给采访者提供了到哪里去采访、去采访什么的大体趋向和方向。

一、发现新闻线索的方式

当今社会信息发达，人们每天都会收到各类大量的信息，这就需要通讯员以开阔的视野、全新的视角和敏捷的思维，从众多繁杂的信息中，去认真判断识别，筛选出独具一格、与众不同、有价值的新闻线索。

1. 善于观察

观察，是通讯员的一项基本功。通讯员经常找不到新闻，有时候会感到无从下手，不知道该怎样去寻找新闻，这是通讯员对工作和生活的环境司空见惯、缺少新鲜感的表现。

作为通讯员，要永远保持好奇心，关注单位举办的会议和各种活动，关注领导、职工和客户的言行，并不断地进行分析与思考。有时候，这里面会有非常好的新闻线索和新闻素材。

行业动态是媒体非常关注的话题，也是容易出新闻的地方。通讯员要多关注行业内的动态，了解行业的最新发展和趋势，结合本单位的实际，从中发现有价值的新闻线索。通讯员还可以多关注社会热点，通过社交媒体、网络平台等渠道，从中发现更多的新闻线索。

从事新闻工作必须养成善于观察的习惯。通讯员无论是工作中，还是休息时，脑子里都要比常人多一根“弦”，留心观察周围的人和事，以及异常情况，通过思考、对比、分析，从中不断发现新闻线索。

2. 多听多问

多听多问是发现新闻线索的方式之一。通讯员要学会多听多问，无论是参加会议，还是平时聊天，要善于打听，学会追问，始终保持敏锐的洞察力和判断力，以便迅速发现并判断新闻线索的新闻价值。

在与身边的人交流时，要时刻保持敏感和好奇心，通过提问来了解更多的信息。优秀的通讯员总是能够在闲谈聊天中发现有价值的新闻线索。通讯员要学会倾听不同的声音和观点，无论是正面的还是反面的，无论是鼓励的话，还是牢骚的话，都可以从中获取更全面的信息，从不同角度挖掘有价值的新闻素材。

3. 转换视角

缺少新闻，这与通讯员不会转换视角有关。有的通讯员认为，新闻只有“时间新”才可算新闻。如果今天没发生什么新的事情，就是没新闻了，这种想法其实不完全正确。

除了“时间新”这一要素之外，还有许多方面可以体现新闻的新颖性。新人物、新经验、新做法、新技术、新动向等，都可以成为有亮点的新闻，让读者耳目一新。“横看成岭侧成峰，远近高低各不同”，只要把视野放宽，用独特的视角去解读，就可以找到新闻线索。

新闻视角的独特性，也是新闻的价值体现，这个视角可以是社会的角度，可以是历史的角度，也可以是读者的角度。通讯员要不断提高观察力和判断力，用新的思维去观察思考，去挖掘新闻背后的内容，通过选取不同的角度，全面展现事件或问题的全貌和真相。

二、收集新闻线索的渠道

很多通讯员都有这样的困惑，感觉自己周围没有新闻，不知道应该到哪里寻找收集新闻线索。下面就结合实例谈谈获得新闻线索的渠道。

1. 到上级部门机关找

通讯员可以从上级部门的会议、文件、通报中获得新闻线索，还可以从领导同志的谈话中、报告和批示中获取新闻线索。这个渠道的线索往往比较权威、可信。

例如，2007 年春运期间，记者参加郑州铁路局的周例会，在会上听到了客运部门汇报的一个信息：春节前夕，长三角、珠三角地区客流暴增，运能紧张，河南籍农民工返乡困难，郑州局计划开行数趟福州至郑州的农民工专列。会后，记者找客运部门的相关人员了解具体情况，之后便跟随首趟专列赶往福州，全程跟踪采访。采写出消息《豫闽两省架起连心桥　铁路倾心打造平安路——郑州局开专列接农民工回家过年》，对铁路部门关注弱势群体、助力社会经济发展的做法进行了及时报道。这篇作品荣获 2007 年度河南新闻奖。

2. 到有关书面材料里找

通讯员可以从企业各部门的工作总结、业务简报、情况通报及群众来访中获取，这个渠道的线索最丰富，内容更具体，素材和数据更翔实。

例如，2007 年“七一”前夕，记者在郑州铁路局的一个内部简报上看到一则“郑州北车站加强运输组织，确保供港新鲜物资运输”的信息。记者随后联系郑州北车站党委办公室的工作人员，详细了解供港列车的开行情况，从中发现了很多鲜为人知的故事。在香港回归十周年之际，记者采写了《四十五年风雨路　供港列车传真情》的消息，从多个侧面呈现了铁路部门加强铁路运输组织、保障港澳地区生活物资供应的好做法。这篇作品被评为 2007 年度河南新闻奖一等奖。

3. 在网络社交平台找

现在社交媒体平台很多，企业内部有很多微信、QQ、短信工作群，里面的信息很及时，内容丰富又具体，通讯员可以从中寻找新闻线索。同时，通讯员还可以在微信、抖音、快手等新媒体社交平台上发现新闻线索，这些平台涉及面广、信息量很大。

例如，2019 年的三伏天，记者在微信朋友圈看到郑州车辆段一名职工发的一组照片，展示职工冒着酷暑、汗流浃背检修客车空调的场景。记者的脑子里立刻产生了“修车人想着坐车人”这一新闻主题，于是联系到这个单位融媒体工作室的工作人员详细询问职工的工作生活状态，并组织采访小组赶赴现场进行采访。之后在《中原铁道报》上用整版的篇幅，推出了摄影组图《酷暑中的修车人》，同时，电视新闻、新媒体等平台同步播出和推送，收到了良好的反响。这组新闻图片获得 2019 年度河南新闻奖。

4. 从身边人群中找

通讯员大多工作在基层，离新闻人物和新闻事件最近。周围职工和同事的身上有很多闪光、有价值的新闻线索，只要留心就会发现。这类反映一线生产生活的新闻，写起来更接地气，更有生活气息，更能引起读者的关注和共鸣。

例如，2008 年，记者去采访报道全国铁道行业技能大赛期间，遇到了一个基层单位的通讯员，闲聊之中得知，他们单位有一名职工也参加了这次大赛，但由于身体原因最终没有获得名次，大家都感觉十分遗憾。记者追问怎么回事，他说这个职工是一名工班长，业务精湛，管理有方，在代表郑州局备战技能大赛期间，突然发现身体不适，经检查确诊为肺癌晚期，但他偷偷隐瞒了病情，毅然继续坚持比赛。这名职工当时已经住院治疗。记者立刻意识到这是一个非常有价值的新闻线索，于是赶到医院，在病房里和这名职工进行了深入交流并进行了采访。采写出的人物通讯《如果有机会，我会重新再来》获得2008年度河南新闻奖。

第三节 如何挖掘铁路新闻

在新闻报道实践中，作为铁路行业的通讯员，首先要熟悉本系统、本领域的工作动态，要知道各个时期的中心任务和重点工作。只有这样，才会知道自己的写作方向，才会知道到哪里挖掘有价值的新闻线索。很多通讯员都认为自己身在铁路企业，社交圈子小，工作内容相对单一，新闻资源少，很难挖掘有价值的新闻。

其实这是思想认识上的一个误区，在每年的中国新闻奖和河南新闻奖的获奖作品中，除了一些题材重大的作品，还有不少来自行业、企业的作品。

这些获奖作品往往都是小切口反映大主题，报道角度新颖，富有行业特点和时代特色，接地气，有人气，具有很强的感染力和影响力，为广大读者喜闻乐见。不仅反映出记者和通讯员的新闻敏感和写作功底，更反映出了现代媒体的新闻判断能力和新闻价值取向。

那么，基层通讯员应该如何挖掘铁路新闻、写好铁路新闻呢？

一、紧跟时代步伐，讴歌时代精神

通讯员在采写新闻的时候，首先要紧扣时代脉搏，在大局下思考，在大局下行动，坚持弘扬主旋律、传播正能量，紧紧围绕铁路企业的中心工作和重点任务，挖掘新闻亮点，反映工作特色，这是新时代对新闻工作者坚持正确舆论导向的内在要求。

以郑州局集团公司党委主办的《中原铁道报》为例，报社始终坚持正确的舆论导向，紧紧围绕局集团公司的中心工作和不同时期的重点任务，加强新闻策划，开展形式多样、富有特色的新闻报道，挖新闻、找亮点，讲述郑铁故事，对内鼓舞人心，对外展示形象。

报社每年都有几十篇新闻作品，在河南新闻奖、“铁路好新闻”奖、中国企业报好新闻、河南省企业报好新闻等新闻评选中获奖。这些作品有的出自记者之手，有的出自通讯员之手。可以说，企业不缺新闻，也不缺好新闻。

这些获奖新闻作品的最大特点，就是立足铁路行业，集中反映中国铁路的建设发展成就，集中展示铁路人勇于担当、服务社会的崇高品格和家国情怀。所以，通讯员挖掘铁路新闻要立足铁路行业，聚焦铁路的高质量发展，围绕安全生产、运输经营、铁路建设、民生建设等重点领域，开展新闻采访和新闻报道工作，用生动鲜活的表现形式，讲好铁路故事，传递铁路好声音。

二、聚焦铁路建设，展示发展成就

近年来，中国铁路建设飞速发展，无论是路网建设，还是技术装备，都日新月异，领跑世界，多项技术在世界上遥遥领先，成为一张亮丽的中国名片。

郑州局融媒体中心高度关注铁路建设，集中力量、集中版面加大报道力度，取得了很好的宣传效果，在社会各界产生了良好反响。

例如，反映中国高铁技术装备领跑世界的消息《复兴号跑出交会世界第一速》，反映河南“米”字形高铁网建设的消息《河南省“米”字形高铁“一撇一捺”完美落笔》《豫“米”串起全国“八纵八横”高铁网》《河南建成全国首个“米”字形高铁网》等作品，先后获得了河南新闻奖、“铁路好新闻”奖、中国企业报好新闻、河南省企业报好新闻等多个奖项。

这些作品题材重大，内容厚重，作者以宽阔的视野，站在时代的高度，从不同侧面展示中国铁路的建设发展成就，是铁路行业的独家新闻。铁路通讯员具有得天独厚的资源优势，是其他媒体所不具备的。

通讯员身在企业，要处处留心，充分利用自己掌握情况、了解情况的优势，把握时机，及时采写稿件，对外开展报道。

三、突出行业特点，展现铁路担当

铁路是国民经济的大动脉，是大众化交通工具，是重大民生工程。铁路企业与社会经济休戚相关，与社会生活密不可分。通讯员在采写新闻稿件的时候，要开阔视野，结合铁路行业特点讲好铁路故事。

郑州局融媒体中心就紧紧围绕铁路运输企业助力社会经济发展这一重大主题，加强新闻策划，积极开展新闻报道，推出了不少的精品佳作，充分展示铁路企业的社会责任和使命担当。

例如，反映铁路企业服务农民工外出务工的消息《26趟专列迎10万棉农返乡》《郑州局开专列接农民工回家过年》，反映中欧班列（郑州）助力“一带一路”建设的消息《郑州局开启铁海联运物流大通道》《丝绸之路经济带又添一条快捷通道》《“黄金驼队”助力中原打造开放经济新高地》和通讯《丝绸之路上的“黄金驼队”》，反映铁路拓展物流运输方式、服务地方物流企业发展的消息《郑州局跨局“高铁物流快递”正式启动》等作品，先后获得了各类各级新闻大奖，在社会上产生了良好反响。

铁路行业是一个大的联动机，犹如一个小社会，在各系统、各专业中，蕴藏着大量丰富精彩的新闻资源。通讯员只要沉下身子，认真思考，用心观察，细心琢磨，就有讲不完的铁路故事。

四、关注平凡人物，讲好铁路故事

和谐稳定的铁路企业里，一代代铁路人长年累月在自己的岗位上脚踏实地、默默奉献，为铁路的建设发展发挥着自己的光和热。有的人敬业爱岗、苦心钻研，成为本专业的行家里手、技术精英；有的人扎根边远站区、坚守岗位，成为守护安全的螺丝钉；有的人坚持标准、严格要求、认真负责，成为干一行爱一行的安全生产标兵；有的人视旅客和客户为亲人，为他们排忧解难，提供温馨服务，成为铁路客货运输的服务明星。

在他们的身上，闪耀着淳朴自然的人性光芒，展示着高尚的人格魅力，彰显着崇高的精神追求。

“千千万万普通人最伟大。”郑州局融媒体中心深入开展增强“四力”主题教育实践，坚持重心下移、镜头对准一线，聚焦基层职工，积极反映生产一线干部职工火热的工作生活。在《中原铁道报》第一版开设《中原铁道一线行》栏目，每周推出一篇来自生产一线、反映基层工作的现场报道。这些接地气、有温度的作品故事，深受干部职工欢迎。

例如，反映太焦线孔庄站区职工甘于寂寞、扎根山区、坚守岗位确保铁路大动脉安全畅通的长篇通讯《奏响敬业爱岗拼搏奉献的最强音》，反映普通职工埋头苦干、精益求精、弘扬工匠精神的人物通讯《李向前，四次走进人民大会堂》，反映职工刻苦钻研、拼搏进取、争当安全生产标兵的人物通讯《如果有机会，我会重新再来》，反映客运职工抗击雨雪冰冻灾害的消息《2000 多名乘务员风雪中坚守》等作品，先后获得河南新闻奖、“铁路好新闻”奖等多个新闻奖项。

通讯员人在企业，要面向基层、聚焦一线，镜头向下，要善于观察发现周围的真善美，善于发现身边的先进人物和先进典型，善于从平凡的人物身上挖掘闪光点，学会以小见大，通过小切口反映铁路人干一行、爱一行，拼搏进取、无私奉献的精神风貌，讴歌新时代铁路人的使命担当，展示铁路企业的良好社会形象。

第四节　如何做好新闻采访

巧妇难为无米之炊。要写出一篇生动鲜活的新闻稿件，必须要掌握大量的第一手资料和素材。新闻线索仅仅是获得了新闻的一些简单素材，接下来就要扎扎实实地做好采访工作。

一、采访前的准备工作

通讯员发现新闻线索后，首先要判断是否具有新闻价值，接下来就要准备第一时间前去采访。为了确保采访顺利，要提前做一些必要的功课。具体来讲，应提前做好以下五个方面的准备。

1. 理论政策的准备

新闻报道是一项政治性和原则性很强的工作，即使一个平时比较注重学习的人，在采访前也要根据当前的新形势和新要求，对将要采访的人物和事件进行认真研判，判断其是否适合报道，是否符合舆论导向。所以通讯员要及时充电和补课，准确把握报道尺度，特别是涉及重大事件、带有方向性主题的采访。

2. 专业知识的准备

术业有专攻。企业内部工种繁多，分工复杂，尤其是一些高、精、尖技术，专业性更强。通讯员不是“万事通”，对所要采访的领域和专业不一定熟悉，对被采访者的工作也不一定了解，尤其是一些技术密集型工作。所以，采访前通讯员要对相关领域和专业有所了解，要提前学习一些相关的知识和专业术语，以免在采访中说出一些外行话，或者听不懂采访内容，影响采访进程和效果。

3. 采访提纲的准备

采访前，通讯员要对采访对象的基本情况进行一个大致的调查和了解，比如年龄、专业、工作经历、工作业绩及家庭情况，这样做是为了更方便与对方沟通交流。之后，要认真列出详细的采访提纲，做到心中有数，比如采访内容、提问顺序、内容主次等，以免东一句、西一句，漫无目的地提问。

4. 提前告知采访对象

新闻采访是采访者与采访对象之间相互沟通交流的过程，通讯员采访前要提前告知对方，讲明此次采访的目的和主要内容，必要时可以把采访提纲提前交给对方，同时约定采访的时间和地点。

5. 采访器材的准备

新闻采访离不开必要的采录设备，要提前准备好录音笔、摄像机、照相机、三脚架等设备，并检查设备是否能正常使用，例如电池、储存卡和笔纸是否满足采访要求，做到万无一失。

二、选择适合的采访方式

所谓采访,就是一种调查研究。具体讲,采是采集，访是访问，采访的方式不拘一格，多种多样，常用的采访方式有以下六种。

1. 现场观察

这是最常见、最方便的采访方式。现场观察的最大好处：一是到发生新闻的现场可以获取第一手的新闻素材，特别是一些关键的细节和材料，这对于采写新闻特写、现场短新闻等体裁尤为重要和必要；二是到发生新闻的现场采访，可以亲身直观感受现场的环境和氛围，这样写出来的新闻生动鲜活，更能打动人、吸引人，更有感染力；三是到发生新闻的现场去检验、核实新闻，可以确保新闻的真实性和准确性。

2. 个别访问

个别访问就是通讯员直接与被采访者进行面对面

的交流。新闻报道不论是写人写事，还是写问题，都离不开个别访问，尤其是与新闻事件直接有关的当事人，需要进行个别访问和详细核实。

这种采访方式的优点：一是面对面交流，比较灵活自如，只要被采访者配合，随时随地都可以进行交谈并获取信息；二是可以了解新闻事件的重要情节和细节，了解事件的来龙去脉和全过程。如果一次不成功，还可以进行第二次、第三次。凡是需要深入细致了解情况的新闻，个别访问是最合适的方式。

3. 开座谈会

这种采访方式比较适合单位或者人员比较集中的地方。由通讯员组织、单位的负责人主持，围绕报道的主题和内容，召集当事人和了解内情的人一起座谈，从中采访收集新闻素材，挖掘新闻亮点。

这种采访方式的优点：一是能在较短的时间里采集到比较多的素材；二是这些有代表性的人物或者了解内情的人聚集在一起，相互启发，相互补充，可以采集到更全面、更丰富、更真实的素材；三是通讯员如果有什么问题或疑问，可以提出来请参加座谈的人一起帮助分析，更有助于做出正确的判断。

4. 蹲点调查

这种采访方式适合重大题材的连续报道和深度报

道，或者对先进人物、先进典型的跟踪采访等，有时需要通讯员与采访对象在一起学习、工作和生活，进行深入细致的观察和采访，以便更加全面准确地报道。

5. 查阅材料

根据采访任务的需要，有时需要查阅各种各样的书面材料，如会议记录、工作总结、工作报表、工作简报等。运用这种方法可以了解新闻的概况和关键数据，为后期的新闻写作提供有力的材料支撑。

6. 电话采访

电话采访快捷便利。当路途遥远、面对面采访不能实现时，电话采访是一个有效的替代方法，可以不受时空限制快速获取信息。不过，电话采访时一定要做好记录。采访结束前，要与采访对象就采访的主要内容和关键信息做进一步的核实，以确保内容的真实准确。

不同的采访方法适用于不同的情况和采访对象。在选择采访方法时，需要考虑采访目的、被采访者的特点以及信息的可靠性等因素。

三、认真做好采访笔记

做好采访笔记对于新闻采访来说非常关键，这关系到后期写作有没有充足的新闻素材，有没有足够的

“弹药”。

俗话说，好记性不如烂笔头。再聪明的脑子也不能记住采访的全部内容。所以，通讯员在采访中，一定要认真做好采访笔记。

使用录音笔或手机等电子录音设备也是一个好的记录办法，既便捷又准确。采访结束后，可以使用语音转换文字功能，快速转换成文字，轻而易举就可以形成采访笔记，提高采访效率。但是很多时候，有些被采访对象不愿意、不习惯现场录音，这就需要认真做好采访笔记。那么如何做好采访笔记呢？

1. 记要点

通讯员采访一般都是一边与采访对象交谈，一边做笔记。由于记录较慢，不可能把对方的讲话内容全部记录下来。这就需要记录要点、记录关键信息，比如被采访者讲的主要观点、关键事实、关键数据等信息。可以使用缩写、符号来提高记录速度。

2. 记特点

在采访中，通讯员要注意记录有特点、有特色的内容。比如：采访对象有个性的语言、生动的话语，关键的定性定论语言。如果被采访者的表述非常重要或有代表性，可以直接记录原话，并在笔记中用引号标注，以便在文章中使用。

3. 记重点

重点通常是指时间、地点、人物姓名、数据、专业术语等关键性的内容和重点新闻要素。这些内容在采访中要认真记录，并且要与被采访者进行核对确认，防止出现错误。同时，还要记录一些细节，如被采访者的表情、语气、周围环境等，这些细节可以为报道增添生动性。

在采访结束时，通讯员一定要对一些关键人物、关键事实、关键数据和关键情节进行再次核实和确认。对不清楚或有遗漏的地方，要进一步沟通和完善补充，并再次核实信息。

在撰写稿件前，要认真整理笔记，按照时间顺序对笔记进行分类，以便于查找和后期使用。

四、如何做好人物采访

人物新闻是新闻报道中最常见的一种体裁。它以新闻人物为主要对象，主要记叙报道人物的人生经历、典型事迹、工作业绩，从而反映和展示人物的价值追求和精神境界。人物采访是对新闻人物进行的采访活动，主要把握以下三点。

1. 确立具有时代特征的主题

新闻人物具有一定的先进性和典型性，有鲜明的特点和不凡的工作业绩，能够引领时代发展潮流，具有时代特征。采访人物时如果只关注人物的生平履历，简单地采访罗列，那么人物新闻会写成流水账，读起来平淡无味，如同嚼蜡。通讯员要在采访中观察人物的特点和个性，走进人物的内心世界，挖掘人物的精神气质。

人物个性是人物新闻的灵魂。在采访前，要明确目标和主题，深入思考一下，想让读者了解人物的哪些闪光点，希望给读者传达什么样的积极信息。这样才能确保采访有针对性，才能在采访中捕捉到与主题相关的有意义和有价值的信息。

每个先进人物都有鲜明的时代特征。采访新闻人物，目标就是挖掘并抓住最能体现人物时代精神的闪光点和发热点，提炼出符合时代特征的主题。

2. 提出全面而深刻的问题

在采访前，首先，要对新闻人物进行充分的调研和摸底，了解人物的生活背景、工作经历、个人兴趣和工作成就等方面的情况。对采访对象研究得越深，采访起来就越深入、越有针对性，采访过程也越顺畅。其次，应当预先准备一份问题列表和采访提纲，确保问题围绕目标和主题展开。

在采访过程中，要根据实际情况灵活调整提问的顺序和内容，以引导采访对象分享更多有意义的、有价值的内容。要保持热情、友好、真诚的态度，让采访对象感到舒适、放松、被尊重，才会愿意分享个人更多的经历和想法。同时，在交流中注意保持良好的互动，确保采访过程自然、流畅。

3. 捕捉打动情感的细节

在采访过程中，要善于捕捉采访对象工作生活的细节和有个性的语言，通过细节和人物语言剖析人物性格特点；要善于挖掘人物与工作、人物与社会、人物与家庭的关系，从中展现人物的做人处世方式。比如，人物在高峰期和低谷期的状态和表现，人物的人生目标和追求，人物成功的背景和原因。只有在采访中真正地走进这个人物的内心世界，了解了他的方方面面，在人物新闻的写作时，人物才能立体化，文章才能更加接地气、更加可读可信，更会受到广大读者的欢迎。

第五节 新闻采访提问方法和注意事项

提问是新闻采访中获取信息的关键环节，采访前准备得好并不等于采访就会一帆风顺。采访中可能会遇到各种各样的情况，比如，有的采访对象性格内向，不善言辞，不善表达；有的采访对象说话逻辑混乱，漫无目的等等，通讯员需要学会控制场面，随机应变，循循善诱。

一、新闻采访的提问方法

央视著名主持人敬一丹曾说：没有不会回答问题的采访对象，只有不会提问的记者。通讯员要学会和掌握一些采访的方法和提问的技巧。常用的提问方式一般有以下四种。

1. 正面式提问

这种方法开门见山，直截了当，直奔主题，适用于采访那些思路清晰、思维敏捷、口齿伶俐、善于言辞、比较自信的人。开门见山会让对方觉得通讯员办事坦率，专业懂行，值得交谈。

正面提问也适用于比较熟悉的对象，和受访对象不需要过多的寒暄和铺垫，不用拐弯抹角，可以开门见山直接提问。采访中，可以提问一些开放性的问题，让采访对象更充分地表达自己的观点和想法。例如："你对这个问题怎么看？""你可以详细介绍一下这个工作和这件事情吗？""这项技术先进在哪里？对安全生产有什么好处？"等。

2. 引导式提问

这种方式由浅入深，由表及里，循序渐进，层层入深，适合那些性格内向、不善表达的采访对象。采访时可以慢慢预热，从一般的日常生活谈起，逐渐转入正题；也可以按照时间或空间逻辑顺序进行提问，逐步引导受访者切入正题，回答问题。例如："能不能先给我们介绍一下这项工作的背景？然后再谈谈目前的进展情况？"这种提问方式可以让受访者按照自己设计的问题层层深入；还可以通过与其他事物进行比较的方法来进行提问，帮助对方更好地理解问题。

遇到态度比较冷淡的受访对象，要尽量找到双方共同感兴趣的话题，从中找到切入口，再慢慢转入正题。

面对心存顾虑或者因谦虚不肯多谈的采访对象，要向对方说清采访目的，以诚相待，争取对方配合。这时候，可以提问一些封闭性问题，用“是”或“否”就能回答提出的问题，这类提问适用于那些需要明确答案的情况。

面对性格开朗、快人快语、十分健谈的受访对象，要注意控制节奏、掌控局面，防止对象打开话匣子，漫无目的地“侃大山”。总之，要想办法引导对方讲你想采访了解的事情。

3. 迂回式提问

这是一种非常轻松自由的提问方式。当采访对象对某个问题一时讲不清楚的时候，或者不愿正面回答问题时，通讯员要随机应变，转换思路，摸清对方的心思。可以采用迂回式提问的办法，避开正面提问，从侧面慢慢引入话题，先用一些宽泛的话题慢慢缓解气氛，旁敲侧击，逐渐引入正题，之后再深入追本溯源，启发对方思考，引出想要了解的情节和细节。提问的话题可以由小到大，由近到远，由表到里。采访中，还可以询问一些具体简单的事实、数字或细节，根据对方的回答情况，再提出进一步的问题，以获取更详细的信息。迂回式提问有助于深入了解采访的新闻主题。

4. 激将式提问

这是一种突破常规思维方式的提问方式，就是采用激将法让采访对象配合采访，吐露心声。

一些先进人物在工作上非常出色，工作优异、业绩不凡，但处事低调、不善表露，甚至怕当典型。面对通讯员的采访，他们说话往往闪烁其词，支支吾吾不愿意正面回答提问。

遇到这种情况，就可以采取激将法，迫使对象开口说话，配合采访。可以从相反的角度提问，激发对方思考问题，或者提出一些假设性的问题和情况，让对方进行选择。这样的提问方式往往会收到意想不到的效果。

总之，采访要根据不同的采访对象，采取灵活多变的提问方式，运用各种技巧让对方说话，以获取最有价值的信息。

二、采访提问的注意事项

通讯员在对采访对象进行提问时，需要根据采访对象和采访目的选择合适的方法，掌握以下四个技巧，才能使采访顺利进行。

1. 提出问题要具体

有的通讯员缺少采访经验，经常会提问采访对象一些很空洞、很宽泛的问题，让对方不知如何回答，无所适从。例如："您的愿望是什么?""您的打算是什么?""您的感受是什么?"等。这些问题太笼统，缺少有效的针对性，往往让对方难以回答。

相反，提出的问题要具体。要从具体问题入手，口子开得越小，对方越容易开口回答。

2. 细节问题要追问

故事细节对新闻报道来说十分重要，通讯员要善于运用层层追问的办法来挖掘故事的细节。在采访中，常常会遇到这样一种情形，当事人对自己做过事情的一些细节不太在意，讲述时蜻蜓点水、一句带过。这时候，通讯员就要紧跟话题继续追问下去，这样往往可以有意外的收获，为后期写作提供生动的细节。

3. 谈话氛围要融洽

在采访中，通讯员要尽量营造一个和谐、轻松、融洽的采访氛围，逐步拉近双方的距离。采访对象的性格千差万别，有的人性格豪爽，很容易调动情绪，这样的采访比较容易；而有的人则是矜持内敛，不苟言笑，为人低调，说话拘谨，这时候，就需要通讯员慢慢预热，采用拉家常、聊天的方式逐渐拉近双方的距离。

通讯员在采访中要保持自信，不要胆怯，做到落落大方，不卑不亢。

在采访基层一线普通职工的时候，要平等对待，以诚相待，在平等融洽的气氛中完成采访任务。

4. 采访对象要尊重

在采访中，通讯员自己要有时间观念，注意控制采访时间，尽量在较短的时间内完成采访任务。在这里提醒四点注意事项。

一是采访要遵守时间。通讯员要按照约定的时间准时或提前到达，不要让受访对象等待。迟到的话，会让对方感觉不受重视、不被尊重。

二是要注重个人的仪表。通讯员外出采访，服装穿着要得体，做到不随意、不奇异，落落大方。切不可邋里邋遢，让人反感轻视。

三是聆听要专注。在聆听对方讲话时，要聚精会神，专心致志，不可东张西望，心不在焉。在对方回答提问时，不要随意接听电话，不要轻易打断对方讲话，不要喧宾夺主。

四是提问内容要得体。尊重对方隐私，尽量不提问涉及隐私或与采访无关的话题。

总之，在采访过程中，要懂礼仪、讲礼貌、保持一种谦和的姿态。

第六节　新闻采访案例及分析

采访是一门功课，更是一门艺术，通讯员需要在工作中不断实践，慢慢积累经验。多实践、多锻炼，才能逐步掌握采访的基本方法和技巧。

本节把《走进雪域高原——郑州工务机械段决战青藏铁路建设纪实》作为新闻范例，分析如何做好新闻采访。

作为一名铁路系统的记者，孟宪明已经从事新闻报道工作整整 30 年，从中国铁路第一次大提速到第六次大提速；从中原地区第一条高铁——郑西高铁开建，到河南“米”字形高铁网全面建成；从最初和谐号动车组试验，到复兴号创造世界交会第一速；从抗震救灾，到抗洪抢险，都既是参与者，也是一个记录者。

在他的新闻职业生涯中，他采写新闻数千篇，获奖新闻百余篇，走遍了中原大地，跑遍郑州局管内的每条线路和每个车站，采访过数不清的人，完成过许多重大新闻的采访，承担过很多艰巨的采访任务。但是，印象最深、最难忘的一次采访，是2006年奔赴千里之外的青藏高原采访。

采写背景

2006年7月1日，经过10多万筑路大军历时5年的艰苦奋战，全长1956公里，世界上海拔最高、线路最长、穿越冻土里程最长的高原铁路——青藏铁路正式建成通车。

当年5月，青藏铁路建设进入了最后的攻坚阶段。为了确保线路按期开通运营，5月7日，铁道部电令郑州局，要求紧急调集郑州工务机械段的大型养路机械作业车，前往青藏线支援工程建设。

机械段连夜部署，迅速行动。第二天，由80多名精兵强将组成的突击队，搭乘23辆作业车日夜兼程赶赴青藏线，在雪域高原数百公里的线路上展开了最后的攻坚决战。

记者听到这个信息后，立刻意识到这是一个很好的新闻题材。联系郑州工务机械段党办的工作人员，询问了解一些基本情况后，立即向报社领导汇报，前往采访。

5 月 17 日，记者连夜收拾行囊，第二天一大早乘火车前往西宁，之后又换乘汽车，开赴海拔 4000 多米的雪域高原。

为期一周的采访结束后，记者整理了 3 万多字的采访素材，经过几天的认真撰写和多次修改，最终完成了 6000 多字的长篇通讯《走进雪域高原——郑州工务机械段决战青藏铁路建设纪实》。

随后，《中原铁道报》以一个整版的篇幅、图文并茂地呈现给了广大读者，全方位、多视角展示了铁路建设大军攻坚克难、忘我工作的拼搏奉献精神。

作品范例

走进雪域高原

——郑州工务机械段决战青藏铁路建设纪实

记者　孟宪明

这篇报道采用白描的手法，运用大量的事例和现场见闻，向读者生动讲述了铁路人风餐露宿、吃苦耐劳、不畏艰辛、攻坚克难、勇往直前的精彩故事。

这篇纪实长篇通讯全文 6000 多字，所使用的新闻事实是记者经过深入细致采访、从 3 万多字的采访素材和材料中精心挑选出来的。记者采用了现场见闻的写作方式，以第一人称的形式，讲述自己的所见所闻，使读者如身临其境。尽管篇幅很长，读起来却没有枯燥之感。

在文章的结构上，全篇文章分为5个部分，每个部分还专门添加了小标题，做到了结构清晰，层次分明。每一个部分既相对独立成篇，又与前后的内容相互呼应，相互关联，承前启后，浑然一体。

在语言风格上，没有华丽的辞藻，没有刻意的拔高渲染，而是朴实无华的语言讲述，文字清新，语言朴实，文笔活泼流畅，让读者阅读起来感觉不枯燥、不乏味。

这篇报道推出后，路局领导和有关部门充分肯定，一致认为这篇报道站位高远，视野开阔，内容丰富，有情节、有故事、有情感，人物鲜活，反映了铁路人攻坚克难、勇往直前的坚强意志和甘于寂寞、以苦为乐的积极乐观精神。

这篇作品之所以得到上级领导的肯定和广大读者的欢迎，主要有以下五个方面的经验值得总结，希望对通讯员从事新闻采访有所帮助和启发。

一、敏锐灵敏的新闻嗅觉

这个新闻的线索是记者在参加郑州局机关周交班

会上听到工务部门汇报的。得到这个消息，记者立刻意识到这是一个非常好的新闻线索，一定要及时进行重点报道。

会议结束后，记者找相关单位确认，并主动找报社领导请战。在得到同意后，记者就开始提前做功课，查找青藏铁路建设的相关资料，查找有关青海、西藏及青藏高原的历史、地理、文化、风土人情等资料，做到了心中有数，有备无患。

所以，通讯员要有敏锐的新闻嗅觉，要善于发现新闻，辨别新闻，才能捕捉到有用的新闻线索。

二、深入细致的观察能力

在为期几天的采访中，记者无论走到哪里，身上总是带着相机和采访本，随时随地观察职工作业的每一个环节和过程，认真记下那些有故事的工作场景，甚至记录职工工作的每一个细小动作，以及周边的作业环境。遇到生动的作业场面，就立刻举起相机进行拍摄，记录下最精彩的瞬间。

“技术人员手提道尺，在作业车前方线路上不停地测量线路几何尺寸，时而趴在钢轨上目测线路曲直，时而测量线路水平，并不时用对讲机与捣固车司机进行通话。”“在技术人员的指挥下，捣固车上 3 排坚硬的镐头，在 100 多吨重力的冲击力下深深地插入道床，镐头与石砟碰撞发出了震耳欲聋的声音，划破了高原寂静的天空。捣固车过后，原先扭曲的线路瞬间变得平顺笔直。”文中这些细节描写，都是记者通过认真观察，发现并及时记录下来的。读者阅读起来，会有一种如见其人如临其境的感觉。

在日常采访中，通讯员要善于观察事物，遇到生动的情节和细节，要及时记录下来，并标注时间、地点和人物，以便后期在撰写稿件中灵活使用。

三、与人沟通交流的方法技巧

这次青藏线之行，记者先后采访了机械段和其他工程建设单位，以及相关的铁路部门负责人和职工。通过灵活运用采访技巧，收集到了大量的第一手资料，包括很多和主题无关的“花絮”和“内幕”，比较顺利地完成了采访任务，为后期撰写稿件提供了充足的“弹药”。

在这次采访中，记者遇到的第一个难题，就是与工务职工交流。工务机械段职工的工作是流动作业，常年奔波在外地，哪里有任务就到哪里去，吃住在宿营车上，被称为铁路上的“吉卜赛人”。他们工作踏实，为人本分老实，大多不善与人交流。

在刚开始的采访中，很多职工不太愿意与记者交流，见到记者走过来，就躲得远远的，这就给采访带来了极大的难度。为了消除彼此的陌生感，记者主动与职工打招呼、递香烟、侃大山，经过一天多的接触，慢慢地消除交流的屏障。

在随后的几天时间里，记者与职工同吃同住同工作，与他们打成了一片，成为无话不说的好兄弟、好朋友。大家在一起，无话不聊，无事不说，从工作到生活，从婚姻到家庭。记者从中了解他们的喜怒哀乐、所思所想，收集到了大量鲜活、不为人知的一手素材。

同时，也记录了职工很多或纯真质朴，或充满激情，或富有个性的语言。

所以，通讯员要学会与人沟通，要掌握一些采访的方法和提问技巧，想办法“撬开”采访对象的嘴巴，让他愿意说、乐意讲。

四、一问到底的严谨作风

在青藏线采访的几天里，记者留心观察当地的天气情况、地理环境及职工的作业环境，并及时记录下来。对于线路捣固作业，记者是个外行。为了弄清捣固车司机的整个作业程序和作业过程，记者充当学生，不懂就问。为近距离观察作业过程，记者在轰鸣的驾驶室内，站立一个多小时。一边仔细观察，一边详细询问，关注司机的每一次操作，每一个动作。

这次采访活动，记者收集到了3万多字的资料，有背景资料，有现场环境记录，有细节描写，有职工原始对话，内容十分丰富，涉及多个时间、地点和众多人物，多个事件及多种关键数据。为了保证材料的真实性和准确性，在采访中，记者一边提问，一边记录。遇到听不清、不理解、不清楚的地方，就进一步追问，直到最后完全明白为止。对于一些具体人物和事件，不断追问其中的细节；对于一些人名、地名、时间和重要的数据，反复确认，做到准确无误。

为了挖到职工身上生动鲜活的材料，记者晚上找职工聊天，一谈就是半夜。四队队长刘宝峰开玩笑说："看来记者这碗饭也不是好吃的呀！"

在采访结束、临走之前，记者又与几个主要的采访对象进行沟通，再一次核实关键的内容和数据，最后才保证了这篇报道的真实准确。

所以，通讯员采访时要有追根溯源、一问到底的严谨精细的作风，不可蜻蜓点水、浅尝辄止。要认真做好采访笔记，对关键的新闻要素，一定要核实准确。只有每个环节都细致入微，才能保证新闻内容的真实准确。

五、挑战自我的顽强意志

前往这次采访目的地的路程有 1000 多公里，这是记者第一次到这么远的地方采访。同时海拔又高，对当地的气候环境短时间内很难适应，极易有高原反应。但是，职业的敏感和记者的职责，促使记者必须到新闻发生的第一现场，掌握最真实的第一手材料。

在青藏线采访的几天里，记者每天忍受着高原反应和强烈的紫外线照射，来回奔波四百多公里，穿梭在各个作业点。正是保持着这样的一种状态，才圆满完成了采访任务。

通讯员要想挖到新闻、做好采访，就要有不畏艰险、迎难而上、攻坚克难的顽强意志，要有坚韧不拔、坚持不懈、敢于挑战自我的工作作风。可以说，好新闻不是等来的，都是双脚沾满泥土跑出来的。

收集新闻材料要以一当十，使用新闻材料要以十当一。通讯员采写新闻，手中一定要占有大量的新闻素材，只有这样，在后期写作阶段才会做到驾轻就熟，得心应手，游刃有余。

总之，新闻采访是一项非常重要的基础性工作，通讯员要不断加强学习和锻炼，不断增强新闻敏感，掌握新闻采访的方法和技巧。采访前要做好准备，做足功课；采访中要灵活运用采访技巧，认真做好采访提问，深挖新闻素材；采访后，要认真整理梳理采访笔记，做好新闻事实的最后核对。

新闻采访是一件充满挑战而又十分辛苦的事，但也充满了乐趣。通讯员只要上心、用心、留心、热心，就一定能采写出接地气、冒热气的作品。

第三章

消息写作

消息是新闻报道中最常见、使用最广泛的一种文体。它以独特优势被大量运用到各种媒体的新闻报道中。

消息写作是通讯员最基础的入门课。通讯员从事新闻写作，首先要从消息的写作开始学起。消息写作要做到“新、准、快、活”。

“新”就是新闻的内容要新鲜，具有新闻性。“准”就是报道的事实要准确无误，不能有任何的虚构和夸张，必须忠于事实，还原事实。“快”就是新闻发布要及时迅速。“活”就是语言表达要通俗化，文风清新，语言精练，文字活泼，生动形象。人物对话要生动鲜活，富有个性。

本章将介绍消息的基本知识，并从消息各个组成部分入手，从标题、导语、正文、背景、结尾五个维度讲解写作要求和写作技巧，同时，列举优秀作品范例并进行具体剖析。

第一节　消息基本知识

一、消息的含义

消息是对新近发生、有社会意义并引起公众兴趣的事实的简短报道。它是新闻报道中最常见的一种文体形式。

简单讲，消息就是用概括性的叙述方式，以简明扼要的文字，迅速、及时报道新近发生的、有新闻价值的事实。它是报纸、广播、电视及新媒体中使用最广泛的一种新闻体裁。

消息通常又被人们称为新闻。“新闻”一词有广义和狭义之分。狭义的“新闻”指的就是消息。这里所讲的消息，指的就是狭义的新闻。

二、消息的基本特征

消息作为新闻写作的一种文体，在各种媒体中使用的频率非常高，在报纸版面上，消息稿件占据了70%以上的比重。

那么，消息有哪些特征呢？主要表现在以下四个方面。

1. 内容新鲜

新闻贵在于新。消息要求内容新鲜，引人关注，就是受众想知道而又不知道的事情。所以，通讯员在选择写作题材的时候，要分清哪些事情是新鲜的，哪些事情是有社会意义的，哪些事情是公众感兴趣的，用新的视角开展报道。

2. 事实准确

真实是新闻的生命。采写消息一定要做到实事求是、客观公正，把事实弄清楚、搞准确，做到准确无误。新闻报道与文学创作不同，不能把文学的思维和创作手法运用到新闻写作中来，必须坚持用事实说话，不能虚构事实。

3. 讲究时效

时效体现新闻的价值。在信息传播技术日新月异、飞速发展的今天，新闻的传播速度十分惊人。所以，采写消息一定要讲究时效性，在“快”字上做文章、下功夫。遇到好的题材和线索，要做到快采访、快写稿、快传稿。

4. 短小精悍

短小精悍是消息的魅力。消息的最大特征就是短小精悍，语言简洁，节奏明快。写消息要珍惜每个字符，仔细推敲每一句话，力求用最简洁的文字传递最大的信息量。用明白如话、凝练传神的文字表述新闻事实，让读者领略品味消息所讲述的信息和内容。这里说的短小不是文章空洞无物，而是在简洁的基础上，力求做到写得通俗、生动，具有可读性。

三、消息的种类

消息的种类多种多样，根据报道的内容，可分为政治新闻、经济新闻、军事新闻、工业新闻、农业新闻、文教新闻和体育新闻等。

根据新闻与事件的关系，又可分为事件性新闻和非事件性新闻。

1. 事件性新闻

以一个独立的新闻事件为中心而展开的新闻报道。它的特点是迅速反映一个新闻事件的发生和发展过程，大多适用于动态消息的写作。

2. 非事件性新闻

对某一个时间段内或若干空间里发生诸多事实和事件的综合新闻报道。它的特点是以点带面，点面结合，综合反映一项工作推进过程和发展变化。这类消息对新闻的时效性要求较为宽松，大多适用于经验性综合消息的写作。

消息从表达方式、题材内容方面上划分，常见的有简讯、动态消息、综合消息、人物消息、评述消息等五大类。

1. 简讯

也叫快讯，是媒体上经常看到的一种文体。其特点是简短，一篇简讯或快讯，往往只有一二百字。尽管很短，但是简讯的新闻要素是比较齐全的。新闻写作者可以先从写简讯开始。

2. 动态消息

指迅速及时反映现实生活中发生的新闻事件，以及新人新事、新成就、新经验，展现最新动向动态的一种消息类型。这种消息的特点是，主题突出，内容相对单一，新闻性和时效性比较强。

3. 综合消息

围绕一个系统和领域，或者围绕一项专业和工作，从各个方面综合起来进行报道的一种消息类型。这种报道涉及面广，内容丰富，时间跨度较大，主要是综合反映带有全局性的动向动态、工作成就和存在问题的报道。

4. 人物消息

以消息的形式报道典型新闻人物，突出反映人物的工作业绩、精神风貌和思想境界的一种新闻体裁。铁路系统每年推出的铁路榜样、安全标兵和服务明星等各类先进人物的报道就属于人物消息。

5. 述评消息

一种夹叙夹议、边叙述事实边发表评论的消息类型。它介于消息与评论两种文体之间，既要报道新闻事实，同时又要对新闻事件的性质、特点及发展前景等进行分析、解释和评价。

第二节 消息的结构

消息结构是指一篇消息稿件的内部结构成分，以及组合方式。在各种文体中，消息的结构是比较规范的，具有相对固定的模式。消息一般由标题、导语、主体、背景和结尾等五部分组成。

在消息组成中，标题、导语、主体是必须有的，否则消息就显得不够完整，而背景和结尾是可以没有的，这要根据新闻表述的具体情况和内容而定。有话则说，无话则停，不可狗尾续貂。

在传统纸质媒体上，还可以看到消息标题之后的开头部分，往往标注有“本报讯”或者“本报郑州＊月＊日电”之类的字样，这样的文字就叫消息头。消息头是消息文体特有的一种标志，常见有“讯”和“电”两种。

“讯”：一般是指以书面递交或邮寄邮件传递的形

式向媒体传递的新闻报道。凡是通过报社自身渠道获得的新闻，都会标有“本报讯”字样。

“电”：是指通过电报、邮件、传真、电话等形式，向报社提交的新闻报道，一般由新闻单位名称、新闻发生地、时间等要素组成。

消息头的作用：一是表明消息的版权，二是表明消息的来源，三是区分于其他的新闻体裁。

总之，一篇好的消息要有虎头豹尾猪肚子的气势，导语部分要有重言压阵、有看点、有力量，正文部分层次要清晰，内容要丰富厚重，文章结尾要表现有力，一气呵成。

从消息的结构看，一般又分为“倒金字塔”结构和“金字塔”结构两大类。

1.“倒金字塔”式结构

就是把最重要、最新鲜的事实放在消息的开头部分，其他内容按照事实的重要程度与新鲜程度依次往后排列。

消息的结构相对固定，大多数消息的结构都是采用“倒金字塔”式。这类消息的特点是，有明确的导语，开宗明义，直奔主题。在新闻事实的取舍与安排上，遵循着先新后旧、先主要后次要、先骨干后枝末的原则，就是先把最重要、最新鲜的事实或信息呈现在读者眼前，形成强烈的视觉冲击力，吸引读者看下去。

2.“金字塔”式结构

就是在消息的开头部分设置悬念，或者用高度概括性的语言叙述全篇的主要内容和主题思想，把最重要的事实放在后面的正文中一一展开叙述。这种结构比较适合一些综合消息和人物消息。

作品范例

新型复兴号高速综合检测列车亮相济郑高铁

复兴号跑出交会世界第一速

记者　孟宪明　王玮

采写背景

这是一篇反映中国高铁科技创新、领跑世界的消息。

2022 年 4 月初，由我国自主研发的新型复兴号高速综合检测列车，在新建济郑高铁上正式上线试验。在半个多月的试跑中，记者多次跟随工作人员登乘试验列车进行采访体验，从中掌握了大量的第一手资料。在 4 月 21 日的试验中，记者亲身体验和目睹了复兴号创造世界新纪录的全过程。

从新闻的分类上看，这是一篇科技新闻。采写科技新闻是企业报记者的一个短板。俗话说，隔行如隔山。目前中国的高铁技术发展迅猛，其中有很多高精尖的技术和工艺，普通人难以理解。如何用通俗的语言将深奥复杂的技术讲清楚，让读者看得明白，对记者来说是个不小的考验。

采写新闻报道，自己首先要弄懂、搞明白。为了写好这篇稿件，记者先后采访了多个高铁方面的技术权威和专家，详细了解此次试验的背景和主要内容。

在弄清全部事实后，记者站在振兴和发展民族工业的高度，以开阔的视野，开始着手撰写稿件。首先是讲清新闻事件的来龙去脉和最终结果。其次是力求把复杂的问题简单化，把深奥的技术用读者看得懂的语言讲清楚。

作品分析

这篇消息的标题使用了引题与正题组合的双行题。引题讲述新闻事件，正题讲试验结果，这样就使标题简洁明快，一目了然，有力大气，浑然一体。

从报道内容上讲，消息的内容非常新鲜，是人们想知道而又不知道的资讯，突出了一个“新”字，引人关注。

从新闻真实性上看，文中运用了大量的数据，内容翔实，表述清晰准确，坚持用事实说话，突出了一个“准”字。

从新闻时效性上看，新闻事件刚刚发生，突出了一个“快”字。

从文章的结构上看，全文共697个字，共分为6个段落，文章短小精悍，层次清晰，逻辑严密。

从语言风格上看，文字精练，语言朴实，表述顺畅，通俗易懂，突出了一个“短”字。

采用叙述式导语，直奔新闻主题，用80多个字，概括地写出了新闻发生的时间、地点、内容和结果等新闻要素。不虚不浮，干净利落，直点主题。

消息主体部分共分为5个段落，第一段介绍了这次试验的背景，第二段讲述了试验的具体内容，第三段至结尾讲述了参与试验的各部门和单位如何加强安全管理，保证行车安全，确保试验圆满完成。

这篇作品在《中原铁道报》和中原铁路微信公众号上刊发推出后，先后被新华网、人民网等多家中央级媒体转发，产生了良好的社会效果。

第三节　消息标题制作

消息标题，是指在正文内容前面、对新闻内容加以概括或评价的简短文字。标题是一篇消息的“眼睛”，是对内容的高度凝练和概括。

看书先看皮，看报先看题。标题对于吸引读者的阅读兴趣具有举足轻重的作用。标题的作用：一是帮助读者快速选择信；二是方便读者准确了解新闻主要内容；三是吸引读者阅读，美化报纸版面。在形式上，标题的字号大于正文字号。

消息的标题拟得好，就可以吸引读者，反之，就可能埋没了一篇好新闻，因此，通讯员在标题制作上要花费一番心思。

一、消息标题的作用

在新闻作品中，不同的标题有不同的作用。标题如果按照不同的作用分类，大致有主题、引题、副题、插题、提要题、栏目题、边题、通栏题和尾题等。下面就重点讲解最常用的三种标题。

1. 正题

又称主题，是一篇消息的主题思想和核心内容，也是一篇消息的精华所在。

从结构来讲，正题是标题中最主要的部分，是消息标题的骨架和核心，引题和副题服务于正题，都直接与正题相关联。

从内容来说，正题的作用是表述和揭示新闻最重要的事实和思想。在报纸媒体上，如果采用的是多行题，那么字体最醒目、字号最大的标题就是正题。

在制作消息标题时，正题一般情况下多为实题，要清晰准确完整地表达出新闻事件的主要内容。

2. 引题

又称眉题或肩题。引题位于正题的前面，标题的字号一般小于正题。引题的主要作用是交代和说明与新闻相关的历史背景、原因结果和意义目的，或者描绘和烘托新闻现场的环境和氛围，从而引出消息的正题。

3. 副题

又称次题或子题。副题位于主题的后面，字号一般比较小。它的主要作用是解释和补充正题的内容，交代更为具体的详情和结果，或作内容提要。主题不能完全表述的内容，往往都由副题来承接和承担。

副题可以分为两类：如果正题不写事实，只提出一个论断或结论，那么标题要提示的新闻事实，则全部写在副题中；如果正题已经承担了部分叙事任务，那么副题就负责补充交代其他的事实。

总之，在消息的标题中，主题与其他的辅题，是一个有机的整体，两者之间互为补充，相辅相成。

二、消息标题的种类

消息标题种类较多，结构较为复杂，标题之间还存在着内在的逻辑关系。它既不同于公务文书的标题，也不同于文艺作品的标题。消息标题按其结构来划分，一般有单一式和复合式两种。

1. 单一式标题

单一式标题是指消息的标题只有一个正题（又称主题），就是用一句话高度概括这篇消息的主要内容和事实。可以是单行题，也可以是两行题（又称双主题）。这种标题在报纸、电视、新媒体等媒体上最常见，是运用最广泛的一种标题形式。单一式标题的特点是简洁明快，通俗易懂，表述清晰，直接点出新闻的主要内容。

作品范例

❶ 河南省“米”字形高铁“一撇一捺”完美落笔（主题）

（原载 2019 年 12 月 3 日《中原铁道报》

获 2019 年度河南新闻奖一等奖，

被评为“铁路好新闻”文字类十佳作品）

❷ 旅客列车喜闹八百里伏牛山（主题）

（原载 2006 年 4 月 20 日《中原铁道报》

获 2006 年度河南新闻奖一等奖）

❸ 集团公司助推栾川百姓奔小康（主题）

（原载 2018 年 3 月 20 日《中原铁道报》

获 2018 年度河南新闻奖）

2. 复合式标题

复合式标题由主题和辅题组成，一般由两个或两个以上新闻标题，按照一定的逻辑关系和规律组合而成。辅题又分为引题（肩题）和副题（子题）两种。从内在的逻辑关系上讲，一般是引题用来说理引导，宜虚不宜实；主题用来叙事，宜实不宜虚；副题则是对主题的补充说明或者解释阐述。

常见的复合式标题有三种类型：一是引题与主题的组合形式；二是主题与副题的组合形式；三是引题、主题和副题三者共同组合的形式。

复合式标题的特点是信息量大，虚实结合，互为补充，具有浓烈的感情色彩，同时更加方便读者了解新闻的内容。这类标题多见于传统纸质媒体和新媒体上。

作品范例

❶ 40 趟列车受阻晚点　数万旅客途中被困（引题）

2000 多名乘务员风雪中坚守（主题）

（原载 2008 年 1 月 31 日《中原铁道报》

获 2008 年度河南新闻奖一等奖）

❷ **四十五年风雨路　供港列车传真情（主题）**

郑州北站运送供港物资三千万吨（副题）

（原载 2007 年 6 月 28 日《中原铁道报》

获 2007 年度河南新闻奖一等奖）

❸ 铁路班列穿欧亚　丝绸之路涌商潮（引题）

“黄金驼队”助力中原打造开放经济新高地（主题）

（原载 2020 年 7 月 21 日《中原铁道报》

获 2020 年度河南新闻奖二等奖）

三、消息标题的制作要求

消息标题制作要遵循以下五点基本要求。

1. 突出精华

要将新闻中最精彩、最重要的部分作为标题的制作内容。在构思、拟定、制作标题时，要将新闻中最具有新闻价值、最有社会意义的事实，融入到标题中，将文章中精彩的部分放在正题之中。

2. 题文一致

制作的新闻标题要与正文的内容一致。这种一致主要包括两方面含义：一是标题所揭示的新闻事实，要与新闻内容一致；二是标题作出的论断，要在新闻正文中有充分的依据。

在制作标题时，题文一致还体现在正题与辅题之间的因果关系和逻辑关系。正题与辅题的分行要自然顺畅，承前启后，上下贯通，便于读者阅读理解。

3. 客观准确

标题的文字表达要清晰准确，表述完整，客观实在，不虚不浮。这是标题制作的根本要求。

标题表述的意思、评价的事实和运用的文字要清晰准确。标题可以具体描述新闻事实，也可以对正文中的新闻事实进行高度概括或论断，但所作的描述、概括和论断，一定要有充足的新闻事实作为依据，而不能出现片面、夸张和随意拔高的情况。

4. 言简意赅

标题制作要简洁明快，字少意明，通俗易懂，一语中的，用最精练的文字点明主旨，让读者一目了然。文字凝练简约是对消息标题制作的基本要求，要做到语言高度凝练，简洁明快，惜墨如金，点到即止，不能拖泥带水，甚而言之无物。

5. 生动传神

标题制作除了要将新闻中的精华内容告诉读者，还要尽量体现出一种动感、质感和美感，彰显出文气和灵气，力求做到精致、别致和雅致，让读者感到有看头、有嚼头、有想头。

为了增强标题的张力和魅力，通讯员可以多阅读古典文学作品，增强自身的文学修养，博采众长，为我所用。

总之，制作消息标题要做到主题思想鲜明，内容客观清晰准确，突出文章精华，题文一致，语言易读易懂、言简意赅、生动传神。

四、消息标题的制作技巧

俗话说“秧好半年禾，题好一半文”。一个好的消息标题，可以拨动读者的心弦，激起读者内心的波澜，就像磁石一般吸引读者，同时，还能增强文章的可读性和感染力。

在消息写作中，如何才能制作出别出心裁、引人入胜的标题呢？应该从以下六个方面进行重点考虑。

1. 引起好奇心

使用一些引人好奇的词语或短语，让读者想要知道更多信息。通俗讲，就是“卖关子”。

2. 制造紧迫感

使用诸如“立即”“现在”“最新”等字眼，吸引读者立刻阅读。这种标题可以充分体现出新闻的时效性和新鲜性。

3. 提供有用信息

告诉读者这篇文章能为他们带来什么价值，例如，使用“如何”“技巧”“秘诀”等打眼的词语。

4. 增强感情色彩

使用一些情感化的词汇，触动读者的情感，例如“惊人”“感动”“悲伤”“惊叹”等词语。

5. 体现独特性

要尽量使标题独特，与众不同，富有个性，与其他新闻标题有所区别，吸引读者的注意力。

6. 使用修辞手法

为了使消息标题更加生动活泼、传神精美，引人关注，还可以将各种修辞手法运用到标题中。例如，使用比喻、比拟、对比、借代、对偶、排比、反语、引用、双关、设问等修辞手法，可以增添标题的美感和张力。好的消息标题都是经过反复修改多次打磨出来的。

第四节　消息导语写作

导语是指消息正文中的开头部分，往往是第一自然段或第一句话。它是用精炼的语言、生动的文字，写出新闻中最重要、最新鲜的事实，从而揭示和阐明新闻的主题思想。

导语是消息这一新闻体裁特有的一个概念，这也是消息区别于其他文体的一个重要特征。一般由最重要、最新鲜的新闻事实组成，或是对新闻事实做精辟的议论。

一、导语的类型

导语按照展示新闻事实、表现新闻主题的直接程度，可划分为直接性导语和间接性导语。

1. 直接性导语

就是直接叙述正在发生的新闻事实，一般多用陈述性的语言，通常多适用于动态消息写作。

2. 间接性导语

这种导语又称延续性导语，多用于时间性不太强的软消息，即不是正在发生、发展的新闻，或不是突发性的事件，如对某一阶段性工作的综合性报道。

二、导语的表现方式

消息导语的写作形式不拘一格，多种多样，一般可分为叙述式、描写式、设问式、议论式、号召式等。

1. 叙述式导语

就是用概括性的语言文字，把消息中最新鲜、最重要的新闻事实简明扼要地写出来。

作品范例

经过集团公司广大干部职工连续40天的拼搏奉献，3月5日，集团公司2024年春运工作圆满收官，累计发送旅客2211.5万人次，同比增长37.5%，其中2月18日发送旅客78.8万人次，创春运以来单日旅客发送新高，取得了良好的社会效益和经济效益。

（《郑州局集团公司2024年春运工作圆满收官》导语，记者孙帅，原载2024年3月7日《中原铁道报》）

2. 描写式导语

就是抓住新闻事件中某一个精彩瞬间，或现场局部场景，或有个性的细节，由此切入，用现场描写的形式，引出新闻的主要内容和事实。这种沉浸式的导语，生动形象，让读者有一种身临其境的感觉，具有很强的代入感。

作品范例

❶“咱们终于平安到家啦!”2月9日16时32分，当福州开往洛阳的K31次列车停靠在郑州车站时，在福建务工的郑州女孩刘丽丽与几位同乡兴奋地大喊起来。由郑州局与河南省总工会、福建省总工会联手组织开行的首趟农民工返乡专列平安回到家乡。

（《郑州局开专列喜迎农民兄弟回家过新年》导语，记者孟宪明，原载2007年2月13日《中原铁道报》）

❷4月19日凌晨5时45分，由西安开往东莞东的K448次列车缓缓开进南阳车站。值班站长梁民强怀抱鲜花，上前紧紧握住列车长刘圆的手：“欢迎宁西铁路第一趟旅客列车开进南阳车站。”至此，1300多万南阳人民盼望已久的宁西铁路客运业务正式开通运营，八百里伏牛山从此告别了不通客车的历史。

（《旅客列车喜闹八百里伏牛山》导语，记者孟宪明，原载2006年4月20日《中原铁道报》）

3. 设问式导语

就是在消息的开头，先围绕某个社会关注或读者关心的话题，提出问题，之后在正文部分再一一作出详细解答，以引起读者的关注和思考。

4. 议论式导语

就是从议论入手，用夹叙夹议或虚实结合的写作手法，对所报道的新闻事实进行评议和议论，说明其重要意义。这类导语能更好地揭示新闻的深刻内涵和重大意义，有助于升华新闻主题。

5. 号召式导语

这类导语多用于一些重大、重要的会议消息，开门见山，直接点明会议的主要内容和工作目标，用鼓动式、号召式的语言，向读者传递新闻的内容和意义。企业和单位每年年初召开的工作会议、职工代表大会，就经常采用这种导语，它的优点是有气势、有号召性和鼓动性等。

三、导语的写作要求

导语在消息中占有重要地位，比较能反映出一个通讯员的新闻敏感和提炼归纳能力。一篇消息写得是否成功，关键看导语。导语写作有以下个三方面要求。

1. 开篇直奔主题

导语就是通讯员要把消息中最具新闻价值、最有吸引力的事实写进导语。

一篇消息所反映的事实总是有主次之分的，讲述新闻事实、揭示新闻主题的切入角度也各有不同，必须充分发挥导语的引导和导读作用，找出一个吸引人的新闻由头，把消息中最有意义、最能反映新闻主题的内容告诉读者。因此，写好导语的关键就是要明确报道主旨，抓住事件核心。导语无需面面俱到，切忌空话套话，言之无物。

2. 文字简短精练

消息的最大特点就是简短，它不但体现在整体上，更体现在导语上。陆机在《文赋》中讲："立片言而居要，乃一篇之警策。"导语位于消息的开篇，也要高度概括，简短精练。

在撰写导语时，要炼字炼句，表述精准，简明扼要，言简意赅。切忌文字绕口，不可冗长繁杂。如果导语太长、字数太多，就会冲淡或淹没新闻主题，导致叙事节奏拖沓，使读者产生沉闷之感，从而失去读下去的耐心和兴趣。

3. 语言生动活泼

导语是消息的精华部分，承担着概括主题、吸引读者的双重任务，所以，导语在语言上要力求生动活泼、充满张力，给人以想象的空间，从而打动读者，吸引读者继续看下去。

尽量少用生僻难懂的专业名称和专用术语，否则会读之不知所云、不得要领，给人一种云山雾罩之感。

在撰写导语的过程中，通讯员心里要着重思考：这篇消息主题是什么，最新的新闻由头是什么，什么事情最重要，用什么样的方式讲述。

第五节 消息主体写作

一、消息主体

消息的主体，又称消息的主干，是消息导语之后、结尾之前的文字内容，是消息的重要组成部分，所占篇幅最大，内容更具体详细。

主体的主要功能是对导语进行更加深入的扩展和补充，让读者对新闻的来龙去脉有更加深入全面的了解。在结构上，可以按时间顺序进行写作，或者按照逻辑关系进行写作，也可按照空间转换顺序进行写作。但是无论按照哪种方式写作，都要先写主要的，再写次要的。

二、消息主体的写作要求

消息主体部分的写作需要注意以下三个方面。

1. 内容扣主题

主体部分所涉及的内容比较复杂也比较繁多，需要始终紧紧围绕新闻所确立的主题，有选择性地、恰当地运用新闻材料，不可胡子眉毛一把抓，捡到篮里都是菜，使用材料要典型，有说服力。

2. 叙事要具体

主体部分要围绕报道的主题，进一步补充、扩充具体内容，做到有事例、有做法，使整篇消息更加丰满、更加充实。要学会运用多种表达手法，让文字生动起来、鲜活起来。

3. 层次要分明

消息非常讲究结构层次，要按照内容的主次和先后顺序进行谋篇布局。每个段落的内容要相对独立，段落之间不能相互纠缠打架，要做到连贯通畅，浑然一体。

作品范例

济南至郑州高速铁路全线贯通运营

河南“米”字形高铁网全面建成

记者　孟宪明　高广义　牛思宇

作品分析

这是一篇反映济郑高铁全线贯通投入运营的消息，全文973字，共分7个段落。其中，正文主体部分就占了6段，尽管涉及的内容很多，但是文章层次清晰，结构布局错落有致，每个段落的内容既相对独立又相互关联。

在内容上，所有的材料都是紧紧围绕着济郑高铁开通运营这个主题而展开叙述，逻辑清晰，前后连贯。

在语言上，整篇文章大多使用陈述性短语，文字干净流畅，朗朗上口。

三、消息背景

消息背景是指与新闻事件有一定联系和关联的内容材料，在消息中发挥着深化主题、提升新闻价值的重要作用。消息背景常穿插在主体内容之中。一篇好的消息，往往离不开背景材料的烘托和支撑。

使用背景材料的目的，就在于进一步帮助读者深刻理解新闻的内容和价值，烘托和深化新闻主题。通讯员在采写稿件的时候，一定要注重背景材料的收集和使用，从而提升新闻的价值和分量。

在新闻报道工作中，一些通讯员不太善于使用背景材料。究其原因：一是不知道背景材料对提升新闻价值的重要性；二是不会使用背景材料，不知道应该用在什么地方；三是不知道怎么挖掘背景材料。

四、消息背景的类型

消息背景根据写作手法的不同，可分为以下两种类型。

1. 对比性背景材料

报道新闻事件时，为了突出其性质、特点和意义，把新闻事件的过去形态或相反情况作一定介绍，与现在的情况进行对比和对照，前后形成鲜明的反差。

2. 说明性背景材料

就是对新闻人物或者事件所处的历史政治背景、人文地理环境和发展演变等内容进行交代和介绍，揭示出事物的内在关系。

作品范例

即下天山向嵩山　直穿兰州奔郑州

26趟专列迎10万棉农返乡

记者　孟宪明

作品分析

这是一篇反映铁路企业支援地方经济建设、服务社会大众的消息。

这篇消息全文690多字，共分5个段落。其中第二段就是消息背景材料，只用了80多个简短的文字，就把开行农民工专列的重大意义展现了出来。尽管文字很短，但开行专列的背景材料却很厚重，对提升这篇消息的新闻价值起到了重要作用。

五、消息结尾写作

消息的结尾，是指消息正文的最后一部分内容，它的写法比较灵活，可以是重言压阵，也可是自然收尾。一般有以下三种形式。

1. 评论式

运用评论式语言收尾，可以是记者直接发表议论，也可以是借用别人的话进行评议，这样可以进一步帮助读者加深对消息主题的理解。

2. 总结式

对于一些内容较为复杂、时空跨度比较大的消息，在结尾收笔之时，可以使用一个概括性的总结，对全文进行最后的归纳。

3. 展望式

有些消息在新闻事实叙述完毕后，可以对事件未来的发展趋势和结果做出科学的预测，以引起读者的关注。

作品范例

郑州至太原高铁全线开通运营

豫“米”串起全国“八纵八横”高铁网

记者　孟宪明　首席记者　孙帅

作品分析

这篇消息全文 860 字，共分 6 个段落，消息最后一段结尾部分用了 180 个字，运用总结式与展望式相结合的方式，对全文进行了高度概括，同时，又对郑太高铁未来的发展前景以及对国民经济的推动作用进行了展望。结尾与消息的标题、导语形成了前后呼应，相得益彰，整篇文章显得浑然一体。

第六节　优秀作品赏析

在新闻报道的各种体裁中，消息是一种比较规范的新闻写作文体，有着相对固定的写作形式和表现手法，有其自身的特点和规律。

通讯员要想提高写作水平，除了学习掌握和了解一些消息写作的基本知识和写作方法，还要多读多看一些优秀新闻作品，尤其是获奖作品，通过认真学习和仔细分析，掌握消息写作的技巧。

下面选入 5 篇新闻范例作品，并从新闻选题、新闻采访、新闻由头、主题提炼、标题制作、导语写作、文章结构安排等方面进行分析。

作品范例 1

十年磨砺逐梦路　今朝蓝图变通途

河南建成全国首个“米”字形高铁网

记者　孟宪明　牛思宇　王玮

采写背景

这是一篇反映河南省“米”字形高铁网建设、展示中国高铁技术装备发展成就的新闻作品，充分展示了河南高速铁路网建设取得的巨大成就，进一步体现了河南在全国铁路交通网中的重要地位，在《中原铁道报》刊发并在微信公众号郑州铁路、中原铁路推出后，先后被新华网、人民网等多家中央级媒体转发，产生了良好的社会反响。

2022 年 6 月 20 日，历时 6 年建设，备受社会各界关注的济郑高铁濮阳至郑州段及郑州航空港站正式投入运营。河南“米”字形高铁网最后一“撇”完美落笔，河南省在全国率先建成第一个“米”字形高速铁路网。至此，河南省 17 个省辖市全部迈入了以郑州为中心的“一小时都市圈”。

铁路系统的记者从 2016 年 10 月济郑高铁开工起，就一直在关注着工程建设的进展情况，6 年间，记者们多次深入到各个建设工地开展采访，进行跟踪报道，收集和掌握了大量的第一手资料。

同时还一直关注着郑州航空站和郑渝高铁的工程建设情况，以及京广高铁的补强升级改造。

在济郑高铁濮阳至郑州段开通前夕，他们提前一周就开始策划，制订了详细的报道计划。开通当日，多个采访小组分头奔赴各个站区和沿线车站进行实地采访。

当天，各路记者从不同侧面采写了近20篇稿件。为了充分反映这一重大事件，融媒体中心决定，将报纸的一四版打通，采用通版的形式进行集中报道。这篇消息作为主体稿件在显著位置刊登。

这篇稿件的采写是比较困难的，原因是稿件涉及的内容非常多。就在6月20日当天，郑州同时发生了几件大事：一是郑州航空港站开通运营，二是济郑高铁濮阳至郑州段开通运营，三是郑渝高铁全线贯通运营，四是京广高铁时速350公里常态化高标运营。这些事情都是社会各界极其关注的重大事件，作为新闻单位必须充分做好报道。

新闻讲究的是“短、实、新、快”，按照新闻的写作要求，消息稿一般不能突破一千字，要在这么短的篇幅内，把几件大事讲清楚，其难度可想而知。为此，记者把采访收集到的大量素材进行了认真梳理，从中筛选出最重要的信息，之后开始撰写稿件。最早形成的初稿有1500多字，由于字数偏多，又逐字逐句进行提炼和压缩，把不必要的文字逐一删掉，最后形成了970字的最终稿。

作品分析

在标题的制作上，先后拟定了3个标题，反复推敲进行对比。为了加大标题的信息量，最后采用了引题与正题组合的双行题形式，进一步突出和增强新闻的质感和厚重感。用“十年磨砺逐梦路　今朝蓝图变通途”作为肩题，力求做到视野开阔、站位高远，让标题充满时空感和厚重感；用“河南建成全国首个‘米’字形高铁网”作正题，突出“首个”，使主标题大气磅礴、醒目提神。

在导语的撰写上，开门见山，直奔主题，用简短的122个字讲述了新闻的主要事实，有时间、有地点、有人物、有事件，做到了新闻要素齐全，文字简短精练。

在消息的主体部分，按照空间转换的平行逻辑关系，对几个重大工程项目的概况分别进行介绍，每个段落内容相对独立，层次分明；在文字语言上，力求生动活泼、清新流畅，每段只用100多字就把事件描述清楚。同时，在文章的结尾，重点讲述几个工程对推动社会经济发展将产生的重大意义。

在新闻事实方面，这篇消息内容丰富，数据翔实，讲了读者想知道的事情，满足了读者的阅读兴趣。

作品范例 2

习近平总书记视察郑州铁路集装箱中心站

亲切看望慰问我局开行中欧班列的一线干部职工

记者　孟宪明

采写背景

这是记者在新闻生涯中遇到的规格最高、难度最大的一次采访。

说到规格最高，是因为采访的是国家领导人的活动，对一个企业报的记者来说，可以说是机会难得。说到难度最大，是因为记者当时不在新闻发生的现场，要原汁原味还原这一重大新闻事件，其中的难度可想而知。

按照新闻报道的相关规定，对中央领导同志活动的采访报道是有严格规定的，一般是由新华社承担采访任务，并统一对外发通稿，或者由当地省委宣传部指派省委机关报的资深记者参与采访。

郑州局的主要领导明确指示，要图文并茂、重点报道这一重大新闻，进一步激励鼓舞全局干部职工的工作热情，牢记习近平总书记的重托，全力以赴做好安全运输生产，助力“一带一路”建设。

接到采访报道的任务后，记者立即找到路局办公室相关人员，了解习近平总书记视察郑州局的有关情况和信息，最后只从信息科拿到了一个上报铁路总公司办公厅的简短信息。要全面深入报道这一重大事件，仅仅依靠这篇300多字的信息是远远不够的，因为信息的内容非常简单，都是条目化的文字，没有可以采用的实质性内容。

要想高质量完成这一艰巨的报道任务，必须全面深入采访有关参加活动、并在新闻现场的当事人。于是，记者第一个找到了局长，当面询问了解当天的现场情况。他如数家珍地详细介绍了习近平总书记视察集装箱中心站活动的全过程。

为了确保新闻事实的全面性、真实性和严谨性，记者又与当天参加活动的其他铁路职工取得联系，逐一进行了深入采访，收集到了大量的第一手鲜活生动的素材。之后，认真梳理采访笔记，仔细核对关键的新闻要素，以及活动现场的一些细节。

开始动手撰写新闻稿件其间，又反复与有关人员核对确认时间、地点、人物对话等新闻要素，以及一些重要的情节。最后深入详细、原汁原味地记录了这一重大历史性事件。

由于没有安排本报记者参与采访拍摄，所以没有现场的新闻图片。于是，记者多方打听，联系到了当天在现场的《河南日报》时政部的摄影记者，最终拿到了两张珍贵的新闻图片。

这篇报道在《中原铁道报》第一版头条位置，以图文并茂的形式隆重推出，在全局干部职工中产生了良好的反响。职工们争相传看阅读这篇报道。

回顾这篇报道的采写过程，有很多值得回味的地方，同时从中也得到了很多有益的启示。

1. 重大新闻报道必须严谨细致

在没有参加现场采访的情况下，要完成一项报道是非常困难的。俗话常说，眼见为实。在没有得到第一手材料的情况下，要想写新闻是难上加难。所以，只有开动脑筋，动用一切关系和资源，广泛收集相关的资料。要想尽一切办法联系到与新闻有关的当事人，从多个侧面采访，还原真实的新闻现场，多方验证核对事实的真实性和准确性，确保万无一失。

2. 新闻写作要学会提炼新闻主题

习近平总书记这次到郑州局视察，涉及很多方面的工作和内容，对铁路工作也提出了很多的要求和期望。记者对收集到的素材进行了全面梳理，从中提炼出这篇报道的主题。之后紧紧围绕这一主题开始组织材料。

3. 高质量完成报道任务是职责所在

作为一个新闻人，面对工作任务，无论遇到什么困难都要去克服，千方百计去努力完成，发挥主观能动性，开动脑筋，全力以赴去做好。这也是一个新闻人的政治担当和职业素养。

作品范例 3

四十五年风雨路　供港列车传真情

郑州北站运送供港物资三千万吨

记者　孟宪明　通讯员　王春辉

采写背景

这是一篇庆祝香港回归祖国十周年的新闻作品。

2007 年 7 月 1 日，是香港回归十周年的日子，全国人民和社会各界都以不同的方式开展庆祝活动。在这个特殊重要的历史节点，中外媒体都给予了极大的关注，并从不同侧面展开大规模的报道，尤其是国内的媒体更是提前拉开了报道的序幕。记者抓住这一时机，及时采写了这篇消息。

作品分析

这是一篇典型的消息文体，从形式到内容，都充分体现出了消息的显著特征。

一是内容新鲜。铁路开行供港快运列车这件事，对很多人来讲，都比较陌生。为此，记者先后几次到车站了解现场情况，记录列车开动情况，了解列车运行的来龙去脉，通过这篇消息，让读者全面了解了这趟供港列车的前世今生。

二是事实准确。在采访中，记者查阅和收集了大量原始资料和技术台账，并采访了不少关键人物，核对重要的数据，从而保证了事实的准确无误。

三是讲究时效。这篇作品从采访到完成稿件，只用了短短两天时间，并在 7 月 1 日香港回归日前夕推出，突出了新闻的时效性，更突出了新闻的价值。

四是短小精悍。这篇作品语言精练，文字十分简短，全篇文字只有 680 字，共分为 6 个自然段，每个段落平均 100 多字，没有多余的废话，结构清晰，层次分明，内容扎实。

作品范例 4

河南突遭暴雨袭击　中原铁道险象迭生

万名铁军争分夺秒抢通运输大动脉

记者　孟宪明

采写背景

2021 年 7 月 19 日至 22 日，郑州局集团公司管内多地突遭历史上罕见的特大暴雨，洪水造成铁路电力、通信、网络中断，陇海、京广等多条线路中断行车。面对重大灾情，郑州局集团公司临危不乱，迅速调集 1 万多人和百余台大型机械，紧急奔赴各个水害现场，争分夺秒抢通运输大动脉。洪灾期间，安全转运、疏散旅客 2.3 万多名，为 160 多趟滞留晚点列车提供 4 万多份应急食品和 11 万千克餐料，确保了旅客的生命财产安全。

洪灾发生后，记者迅速反应，快速出击，第一时间奔赴各个水害现场，连续数天坚守在抢险第一线，用笔和镜头记录下了一个个惊心动魄的场景和画面。

在采写这篇报道时，记者的内心可以说是波澜起伏，十分激动，在采访中看到的那一幕幕场景，就像放电影一样在脑中不停地浮现。在梳理完采访素材后，俯下身子一气呵成，创作了这篇消息作品。

作品分析

这是一篇反映面对突发自然灾害，铁路职工万众一心、奋力抗洪抢险的新闻作品。

从标题上看，肩题有强烈的节奏感、紧迫感；主题气势磅礴，动感十足，响亮有力，读起来朗朗上口。

在导语部分，用简短的文字讲述了这次灾情的严重程度和抢险应对措施。

在正文部分，按照集团公司机关和调度所抗洪抢险、管内陇海京广线抢通线路、沿线站车疏散滞留旅客等顺序，依次展开叙述，层次清晰，多而不乱。

全篇958个字，共分8个自然段，行文节奏紧凑，内容扎实厚重，数据翔实，语言干净精炼，没有多余的文字和废话。

这篇消息从正面报道了铁路人面对自然灾害表现出的勇猛顽强和攻坚克难的使命担当。文章先后被新华社、人民网等多家中央级媒体转发，引起了极大的社会反响，同时也极大地鼓舞了干部职工抗洪灾、保安全的冲天斗志。

作品范例 5

打造开放经济新高地　助力国内国际双循环

中欧班列（郑州）安全开行5000列

记者　孟宪明　通讯员　栗璋鹏

采写背景

自2013年7月中欧班列（郑州）正式开行以来，郑州局集团公司牢记习近平总书记视察郑州铁路集装箱中心站时的殷殷嘱托，把开好中欧班列作为一项政治任务，强化安全运输管理，不断优化货源组织和调度指挥，截至2021年10月6日，班列已经安全开行5000列，成为中部地区和河南对外开放的一张亮丽名片。

自中欧班列正式开行以来，记者一直都在关注这趟列车的开行情况，几年间，围绕着这趟班列先后采写了不少的新闻，其中《郑欧班列助推中原经济腾飞》《我局开启铁海联运物流大通道》《丝绸之路上的“黄金驼队”》《“黄金驼队”助力中原打造开放经济新高地》等多篇作品获得河南新闻奖和“铁路好新闻”奖。

在全国交通运输业，中欧班列一直是热门话题，社会关注度高。客观上讲，与其他综合类的新闻相比，这一类题材内容相对单一，涉及面不广，素材收集不难，是比较容易采写的。但是，要想写出一定的高度和深度，却是需要动一番脑子的。

记者抓住了班列安全开行 5000 列这个重要节点，作为新闻由头，并以此为切入点开展了全面的报道。同时，站在打造开放经济新高地、助力国内国际双循环的高度，对这趟班列的运输组织和安全卡控等方面进行了深入的报道，由此凸显了新闻的社会价值。

作品分析

这是一篇反映铁路企业开好中欧班列（郑州）、助力“一带一路”建设、促进国内国际经济双循环的新闻作品。

在标题制作上，直接把“中欧班列（郑州）安全开行 5000 列”作为正题，开宗明义，一目了然。用“打造开放经济新高地　助力国内国际双循环”作为引题，来体现开行中欧班列的战略意义。这样的标题组合形式，进一步提升了新闻的价值和信息量。

在导语的写作上，采用现场描写的方式，小切口引出大主题，过渡顺畅自然。这种写法生动活泼，读之如身临其境，可以引起和激发读者的阅读兴趣。

在正文的内容上，运用大量的事例和数据，对局集团公司加强运输组织、强化安全管理和科学调度指挥等方面的做法进行了详细讲述。材料扎实、事例典型，具有很强的说服力。

在结尾部分，用概括性的语言，对中欧班列（郑州）开行以来取得的成绩和重大社会意义进行了简要总结，正好与标题相呼应。使整篇文章上下贯通，浑然一体。

从这篇消息中可以得到消息写作的三点启示：一是要找到一个合适的、引人关注的新闻由头，这样才能突显新闻的新鲜度，赢得读者的关注度；二是要站在一定的高度，用宽阔的视野来统揽整篇文章，只有站得高，作品才会有深度和厚度；三是要有充足翔实的资料和事实做支撑。材料不充分、不典型，作品就显得苍白，没有说服力。

第四章

通讯写作

通讯是在日常新闻报道中运用十分广泛的一种新闻文体。它主要是围绕一个中心事件、或一个典型人物、典型群体展开，通过生动的细节和完整的情节，对人们普遍关心的事实展开报道。通讯在传播信息、引导舆论、传播知识等方面扮演着重要角色，发挥着重要的作用。

通讯写作最能反映出一个通讯员的采访能力和观察能力。因为通讯的最大特点就是讲故事，要想讲出一个生动的故事，就需要对人物、事件或工作进行深挖细挖，收集丰富充足、具有典型性、能够打动人的新闻素材。

本章将围绕通讯的基本知识、结构和写作要求展开，讲解人物通讯、事件通讯和工作通讯的写作方法和写作技巧以及注意事项，同时，列举一些优秀新闻作品案例进行剖析，以期进一步加深通讯员对通讯写作的认识和理解。

第一节　通讯基本知识

一、通讯的含义

通讯是运用叙述、描写、抒情、议论等多种表现手法，详细深入报道新近发生的具有新闻价值的典型人物、事件和经验的一种新闻体裁。

从体裁上讲，通讯是记叙文的一种，包括人物通讯、事件通讯和工作通讯等三大类，是新闻报道中比较常用的文体。

二、通讯的基本特征

通讯这种文体在报纸、广播电台等媒体上运用十分广泛，主要有以下三个特征。

1. 报道内容的新闻性

通讯是新闻的一种，其报道内容要求必须具有新闻性和真实性，新闻的“六要素”要齐全。

内容需要是新近发生的、新鲜的新闻事实，而且必须具有一定政治和社会意义，具有典型性和代表性，能够让读者产生一定的兴趣和共鸣。

2. 表达方式的多样性

通讯的写作方法比较自由，没有固定的模式。对于人物报道，可以运用文学手法，形象地刻画人物的外貌、思想变化、心理活动和工作生活环境。对于事件报道，可以运用多种手法，生动再现事件发生、发展和结果的全过程。

3. 新闻观点的鲜明性

通讯写作可以采用夹叙夹议的写作手法，围绕所报道的人物、事件，直接发表作者的议论和见解，表明作者自己的观点和看法，表露出一定的情感和倾向。

三、通讯与消息的区别

通讯与消息是常见的两种新闻文体，既有相同之处，也有不同之处。共同点是要求必须具有新闻性和真实性，不同之处主要在以下三个方面。

1. 在报道形式上的区别

消息的写作形式相对固定程式化，以叙述为主，较少用描写、议论和抒情，要求稿件文字简练。一般按照导语、主体、结尾、背景材料等几个部分来写。对同一新闻事件的报道，消息写作要求概括简洁，文章精练，偏重于叙述事实，一般文字篇幅较短，不超过 1000 字。

通讯的写作形式则呈现多样化，手法灵活，报道的事实往往比消息更加完整、生动、形象，多以感性的素材和语言，还原生活的原生形态，使文章更具有吸引力和可读性。通讯与一般的记叙文章比较相似，基本上是按照时间顺序、逻辑关系或二者相结合的顺序安排文章的结构。除了深度报道、记者调查等报道不受文章篇幅、字数的限制，通讯的文字一般不超过 4000 字。

从文章的语言风格上来讲，消息要求短小精悍，简洁明快；通讯则要求详尽细腻，生动形象，具有浓郁的生活气息和浓厚的文学色彩，可以运用大量的描写、记叙、抒情、议论等多种表达方式，使读者读完之后如见其人、如闻其声、如临其境。

2. 在报道内容上的区别

消息可选择的题材比较广泛，内容可大可小。通讯选材比较严格，要选择一些较为典型的人物、有一定社会影响和意义的事件。

在内容上，通讯要求对新闻事实进行更为深入详尽的报道。作者可以直接抒发自己的情感，可以对事实进行简单的评价和议论，帮助读者进一步加深对新闻事实的理解。

3. 在报道时效上的区别

消息要求迅速及时，通讯则略可延迟。通讯与消息都注重时效性，但由于通讯具有深入、全面、详尽的特点，客观上就需要一定的采访调查时间，发稿时间可稍晚于消息。同一题材的内容，往往是先发消息，后发通讯。

例如，2005 年 11 月，记者在参加郑州局客运系统召开的一次会议时，得知郑州局将向新疆方向开行 26 趟专列，接回在新疆摘棉花的河南籍农民工。随后，记者跟随专列奔赴新疆，前后历时一周时间，进行了全程跟踪采访。为了及时发布，在返程的列车上，记者快速撰写出 900 多字《26 趟专列迎 10 万摘棉农返乡》的消息，迅速传回报社第一时间刊发。

回到单位后，记者连夜对这次采访中收集到的大量生动鲜活的新闻素材进行整理，两天后又撰写出了 6000 多字的长篇通讯《摘棉工专列上的六天六夜》。这篇通讯以讲故事的形式，运用了大量的鲜活事例，全视角、多侧面、详细地报道专列上的所见所闻，同时，还专门撰写配发了《振兴河南经济，铁路义不容辞》的评论。一套组合套下来，在读者中产生了良好的反响。

第二节　通讯常见形式

通讯按照内容划分，一般可分为人物通讯、事件通讯、工作通讯和概貌通讯。按照形式划分，一般可分为记事通讯、新闻故事、新闻特写、新闻侧记、纪实通讯、人物专访、散记杂记等。

一、按照报道内容划分

1. 人物通讯

人物通讯是以写人物的思想品质和工作业绩为主要内容的一种通讯，是媒体上常见的一种报道形式。一般写一个典型人物或一个群体，通过刻画人物的内心世界，讲述人物的典型故事，来表现人物的思想境界、优秀品质和工作业绩，从而展示和揭示人物的时代性和先进性。

作品范例

李向前，四次走进人民大会堂

记者　孟宪明

作品分析

这是一篇人物通讯，以时间为轴线，沿着新闻人物李向前的成长和工作轨迹，围绕学技术钻业务、开展技术攻关等内容展开。通讯作品引用大量鲜活的事实，讲述了李向前如何在平凡的岗位上，干一行、爱一行，孜孜以求，一步一个脚印，最后成为“最美奋斗者”“全国劳动模范”和“全国优秀共产党员”，达到事业的顶峰，实现了自己的人生价值。

2. 事件通讯

事件通讯是一种以写事为主的通讯，主要是详细深入报道社会生活中大众广泛关注的、具有典型意义的新闻事件，重在记述和再现一个新闻事件发生、发展的过程，向人们展现事件的内在逻辑和社会意义。

事件通讯在日常新闻报道中运用非常广泛，主要是围绕一个中心事件展开，通过生动的细节、完整的情节，或抓住其中一个或几个关键性场面和情节，讲述事件的前因后果、来龙去脉，从而表达某种思想，具有明确的目的性。

作品范例

紧急疏散

——郑州客运段 T256 次列车抗击洪水纪实

记者　孟宪明

采写背景

2006 年 7 月 15 日，当天是周六，晚上记者在家里看中央电视台的新闻节目时，忽然看到一条简讯，播报的内容是广东、湖南境内出现连续多天的强降雨，暴雨造成京广线中断行车，有 88 趟列车受阻滞留途中，提醒外出乘车的旅客及时关注车站的通知。

职业的敏感让记者瞬间警醒起来，于是，立刻联系郑州客运段党委办公室的通讯员询问情况。这位通讯员告诉记者，在这些滞留的列车中，就有他们单位值乘的 T256 次列车，目前，这趟列车正停靠在广东境内的乐昌车站，列车乘务组正在紧急疏散、安抚 1500 多名旅客。

记者立刻意识到，这是一个很好的重大新闻题材，必须马上采访。于是，在通讯员的协助下，记者拨通了列车长项奇的电话，通过手机连线进行现场采访。由于通讯信号不好，通话时续时断，采访持续了两个多小时。放下电话，记者立刻着手整理了解到的新闻素材，接着连夜撰写稿件。第二天清晨，记者再次拨通列车长的电话，询问前方的情况，接着又对稿件进行进一步的补充和修改。

周一一大早就将稿件传给了编辑部，当天就排版印刷出版。这篇通讯刊发后，产生了良好的社会反响，获得 2006 年度河南新闻奖。

这是一篇现场感非常强的的事件通讯。文章紧紧围绕抗洪抢险、紧急疏散旅客这一突发事件，以时间为轴线，用典型的情节和感人的细节，讲述了铁路人不顾个人安危、全心全意守护旅客生命财产安全的故事。

这次暴雨洪水灾害造成列车车厢进水，部分设备设施损坏。洪水退却，列车在当地经过整修，于一周后返回郑州。记者第一时间赶到郑州客运段，对乘务组进行深度采访，又采写出了 6000 多字的长篇通讯《众志成城，勇斗洪魔——郑州客运段 T256 次列车乘务组抗洪救灾纪实》。7 月 28 日，《中原铁道报》用一个整版的篇幅，对这篇深度报道进行了刊发。

3. 工作通讯

工作通讯又称经验通讯，是以总结某项工作成就或先进工作经验为主要写作内容，重点反映不同行业、不同领域的新情况、新经验和新成果的比较常见的一种报道形式。

工作通讯就是对单位、行业的工作或某一阶段的工作，从多个侧面进行盘点，从中总结出带有示范性、具有指导性的好经验、好做法。在弘扬先进事迹、推广先进经验、解决实际问题、推动社会进步等方面，具有重要的指导意义。这也是通讯员常见的一种通讯形式。

作品范例

决战大施工

——郑州站33天大型换岔施工纪实

记者　孟宪明　孙帅

采写背景

为了报道好这次历时33天的大施工，记者多次到施工现场采访，并走访了多个单位和部门，从中收集到了大量鲜活的新闻素材。围绕一些施工节点、关键时段，先后采写了多篇稿件，及时报道施工的进展推进情况。在施工结束之际，记者站到全局的高度，以宽阔的视野，对整个大施工进行了全方位的深入报道。

作品分析

这是一篇反映铁路大施工的工作通讯。

在文章的结构上，运用时空转换的形式，从6个方面叙述了这次史无前例大施工的台前幕后，既有对工作的理性思考，又有对施工现场场景的细节描写，时间跨度大，涉及内容多，但是阅读起来没有枯燥之感，这是这篇通讯的亮点之一。

4. 概貌通讯

概貌通讯又称风貌通讯、综合通讯。概貌通讯主要是报道某一地区、某一行业或某一系统出现的新变化、新成绩和新风貌。它的题材涉及面非常广泛，可以是文化教育、社会生活、经济状况和道德建设，也可以是天文地理、自然风光、历史遗迹、园林建筑、地方特产等。它是一种以反映社会生活、经济建设、风土人情、自然风光为主的新闻报道形式。这类通讯取材广泛，气势大，笔墨重，接地气，有温度，深受广大读者欢迎。

在报道形式上，多种多样，丰富多彩，可以记人述事，写景状物，散文体、日记体，无不适用。在写作方式上，经常采用前后对比或新旧对比的手法，具有很强的可读性。

概貌通讯的核心是环境的变化，可以是社会环境的变化，也可以是自然环境的变化；可以写宏观的场景，也可以写具体的场所。

概貌通讯写作时应把握以下三点。

一是抓住特点写出特色。任何一个地方的面貌都是丰富多彩的，同时又富有自身的特色。概貌通讯要从报道对象最有特色的地方落笔，这样才能写出它的与众不同和别具一格。

二是运用对比烘托气氛。概貌通讯重在反映报道对象的新面貌、新变化。新在哪里，只有在新旧的对比中才能显现出来。因而，对比烘托是概貌通讯最常用的手法之一，只有对比才能发现不同点和变化点。

三是描写抒情写出文采。概貌通讯是通讯中散文色彩最浓重的一种文体。与其他的通讯形式相比，更具有文学性，主要通过描写、抒情的方法来实现。描写主要是写某地景状、景色或事物的变化。抒情则是缘景生情、借景抒情，力求做到情景交融。

作品范例

回家过年

——透视 2002 年铁路春运

记者　孟宪明

作品分析

这是一篇反映铁路春运的概貌通讯，通过记者的深入走访调查，用前后对比的手法，通过数据和事实说话，展示了铁路春运的新变化。

二、按照写作形式划分

1. 记事通讯

媒体上的多数通讯都属于记事通讯，这类通讯的特点是有一个比较完整的故事情节和过程，运用的材料真实具体、生动形象，充分体现了通讯的新闻性、形象性和完整性。

记事通讯是以报道事件为主要内容的通讯。它要求新闻事件要有一定的新闻价值，能够引起读者的关注和兴趣。必须以事实为依据，客观、真实地报道事件的发生、发展和结果。同时还要有很强的时效性和新鲜性，要把人物和事件写清、说透、写活，做到生动感人、耐人寻味。

作品范例

抢险，抢修，一切为了畅通

——集团公司干部职工抗击“7·11”水害纪实

记者　孟宪明　孙帅

作品分析

2021 年 7 月上中旬，郑州局集团公司管内侯月、太焦、陇海、焦柳、瓦日线等区段遭遇历史上罕见的特大暴雨袭击。这篇记事通讯用纪实的手法，全景式地展现了干部职工迎战大暴雨、抢通铁路大动脉的真实场景。

2. 新闻故事

新闻故事是一种篇幅短小、情节生动，兼有新闻性和故事性特点的两栖类文体。它通常以现实生活中的人或事为写作对象，通过选择人物活动的某一个片段，或事件的某一侧面展开讲述，切入口比较小，以小见大，在平凡的小事中呈现不平凡的内涵。

新闻故事以新闻事实为主体，采用讲故事的叙事方式开展报道。具体而言，就是用故事化的文学表现手法撰写新闻，通过描写、对话、场景设置等，生动再现新闻人物或事件，借助戏剧性因素来反映新闻主题。

新闻故事有以下三个特点。

一是内容鲜活。新闻故事是把现实生活中的真人真事通过深入的挖掘和巧妙的构思，运用细腻的笔法，以讲故事的形式，客观真实地再现出来，给读者以真实的感受，深刻的启迪。唯其真实，新闻才带有时代气息，才具有感染力。

二是篇幅短小。短小生动是新闻故事区别于消息、报告文学以及其他通讯的基本特征。新闻故事的篇幅短小精悍，一般在千字左右，它既不能像消息那样用简明扼要的语言叙述某一事件，也不允许像其他通讯那样深入详尽地交代事件的全貌，更不能像报告文学那样进行“合理想象”；新闻故事一般既要考虑到篇幅的限制，又要兼顾叙事的完整性，往往是抓取一个内容很集中的小故事。

三是语言生动。新闻故事多以描述为主，即叙述与描写相结合。比如写人，多用白描手法简洁传神地勾勒出形象来，人物的语言也是信手拈来的口头语，朴实耐嚼，具有生命力；比如叙事，重在写出过程，突出动感，准确选用动词，用讲故事的口吻把读者带进故事当中；结尾的语言，更是“暗送秋波”，含蓄而动人。

作品范例

暴风雨中的不眠之夜

记者　孟宪明

作品分析

这篇通讯讲述了一个工务车间的职工，在暴风雨之夜所经历的惊心动魄的故事。故事里面有人物、有故事、有场景描写，在很短的文字篇幅里，展现了一个生动形象的场景，讲述了一个完整的故事。

3. 新闻特写

新闻特写又称现场短新闻。就是用类似电影特写镜头的表现手法，聚焦富有典型事件和意义的某一个空间中的某一时间段，通过一个场面、一个片段或一个镜头，运用生动细腻的表现手法对事件或人物、景物做出具体生动形象化的报道，是一种现场感非常强的新闻体裁，具有强烈的故事性和感情色彩。

新闻特写以“新、短、活”而见长，在各种新闻体裁中深受读者欢迎。

新闻特写的写作要求是：“现场”“短小”“新闻”，具体讲，就是现场感强、短小精悍、新闻价值高。

一是现场感强。就是要准确生动地描述新闻现场，捕捉现场的动态，抓取现场的细节，使读者有如见其人、如临其境的感觉。它不仅可以提高故事的准确性和可信性，还可以增强新闻的吸引力和可读性，有着强烈的形象冲击力和艺术感染力。

二是短小精悍。就是用笔要直截了当，简明扼要，直击新闻现场，不拖泥带水。通过简短而精细的文字，把新闻的精华浓缩在通讯中，做到短而不淡，短而不浅，短而不俗，短而不空，使其精确生动而有温度和力度，吸引读者阅读。有时候，越是文章短小，越能反映出新闻的内涵和价值，这就是新闻特写的魅力所在。

三是新闻价值高。是指所写的新闻要具有很强的时效性和鲜活度，要写新近发生的、新闻价值体现在外部形象上的故事。

作品范例

英雄凯旋

记者　孟宪明　通讯员　张强

作品分析

这是一篇典型的新闻特写作品。作品选取了 T256

次第一组乘务组与暴雨洪水搏斗 70 多个小时的新闻事件中安全返乘的场景，以站台为背景，伴随着迎接的领导、同事和家属与他们的对话，穿插展现了他们与洪水搏斗的细节，手法自然，生动感人。

4. 新闻侧记

新闻侧记是对重大事件、重大活动、重要会议，在常规的消息报道之外，专门撰写的一种记事性通讯。它的特点是抓住其中最有价值的一个重要事件或一个重要的片段细节，进行详细描述，具有很强的现场感，可以给读者留下更为深刻、具体、鲜活的印象。这种体裁取材比较自由，不求反映事件的全貌、全过程，但求抓住其中的特色和特点，扣紧读者的兴趣点、回答读者普遍关心的问题。在写作这种体裁时，可以加入个人的思想和情感，夹叙夹议，兼谈感受。

采写这类通讯，通讯员要视野开阔，把握全局，要有较强的分析判断能力，要知道哪些是最重要的事情，哪些事情有报道价值。

作品范例

暴雨中的坚守

——商丘站区迎战“8·18”大暴雨侧记

记者　孟宪明

作品分析

这篇新闻侧记以河南商丘地区“8·18”大暴雨为背景，围绕商丘站区干部职工抗洪抢险而展开报道。

报道选取了商丘车站、商丘南站、宁陵车站及木兰等四个车站，从多个侧面展现了铁路干部职工面对险情、不畏艰难、奋力抢险的生动画面。稿件中新闻要素齐全，有人物、有情节、有细节，充分展示了铁路干部职工迎难而上、拼搏奉献的精神风貌。

5. 纪实通讯

纪实通讯，也被称为纪实特稿，或是新闻纪实、社会纪实。它多用于对当下社会热点新闻的叙述报道，运用叙述、描写、议论、抒情等多种手法，全面深入、具体详尽、生动形象地反映比较大的新闻事件或典型人物。

纪实通讯的特点是容量大，篇幅长，所以，报道事件更全面、更深入、更透彻、更有深度。

纪实通讯通常反映的都是一些重大的新闻事件或社会热点。从 20 世纪 90 年代起，中国报刊界的纪实类报道出现了空前繁荣，这类报道以其题材的重要性、内容的全面性、文章的可读性，深受广大读者喜爱。当今社会纪实通讯更是成为众多社会文化生活类报刊的主打产品，成为报刊界一道亮丽的风景。

6. 人物专访

人物专访也称访问记，由记者事先带着一个明确的选题或目的，深入新闻现场，对某一个特定人物和具体事件，以采访活动的过程为主要线索来源进行材料的组织。

这种文体在写作时有问有答，现场感比较强，中间还可以穿插一些背景材料丰富内容，使通讯有了一定的深度。

7. 散记

散记是新闻中的“散文”。就是借用散文的结构方法和写作笔法，在选材上相对较自由，通常更注意选择知识性、趣味性的新闻事实。

8. 杂记

杂记是记载杂项的笔记或零碎的笔记。在写作形式上，以记事为主，它的特点是题材宽泛，篇幅短小，一般在千字左右；在内容方面，有历史掌故、人物短论、逸闻轶事、文艺随笔、读书杂记等，可谓是五花八门，丰富多彩。

三、其他分类

在学界还有一种分类法，将通讯划分为三种类型：

1. 叙事记述型通讯

就是以叙事的方式，既可以写人物，也可以写事件，还可以写其他内容。可以根据事后采访所收集的材料进行记述，也可根据事发时的目击和同步采访所得的材料进行记述。

2. 调查分析型通讯

这种类型的通讯与工作通讯有相似之处，其中包含了对工作经验的总结，也有对缺陷失误、认识误区、错误倾向，以及社会问题等多方面的理性思考。

3. 谈话实录型通讯

这种类型包括访谈、专访、谈话记录等比较特殊的通讯文体，在这一类的通讯中，谈话既是主要的采访方式，也是作品的主要内容。

第三节　通讯的结构

在各种新闻写作体裁中，通讯的结构比较自由，不拘一格，灵活多样，根据不同的内容需要，可以采取灵活的手法进行写作。通讯一般由标题、开头、主体、结尾四个部分组成。

一、通讯标题

通讯的标题大多比较含蓄，富有艺术性和形象性，具有吸引力。在制作标题时，重点要突出简洁、含蓄、生动、形象。

1. 通讯标题的特点

一是高度概括。通讯标题必须要用简洁明了的语言，高度概括所报道的内容，直接揭示出所报道的主题和中心思想，让读者一看就明白。

作品范例

大年三十，温家宝总理走进郑州北站

（原载 2004 年 1 月 29 日《中原铁道报》

获 2004 年度河南新闻奖）

二是画龙点睛。通讯的标题常常用一些精彩的词语或手法，用来突出所报道的重点、亮点或者特色。标题的文字不在于多，而在于精准、精致。

作品范例

春运：我们为你流汗不流泪

（原载 2005 年 3 月 15 日《中原铁道报》

获 2005 年度河南省企业报好新闻奖）

三是含蓄生动。有些时候，通讯的标题不直接揭示和点明所报道的结果或结论，而是用一些有诗意或形象的语言来表达情感和寄托，或以人物有个性的语言作为标题。

作品范例

一次特殊的会面

（原载 2004 年 3 月 11 日《中原铁道报》）

四是主副搭配。通讯的标题经常会使用“主题＋

副题”的双行题，主题后面加一个破折号，用副题来说明或补充主题的具体内容。

主题可以是虚的，也可以是实的，标题不一定必须是一个完整的句子，但必须要有高度的形象性和概括性；副题则相对比较实，体现出采写的对象和主要内容。

作品范例

三代人守护一座桥（主题）

洛阳工务段杨连第桥隧工区工长李玉斌的故事（副题）

（原载 2019 年 12 月 5 日《中原铁道报》）

2. 判断标题是否优秀的因素

在制作一篇通讯的标题后，判断这个标题是否得当、是否出彩，要从以下五个方面考虑：

一是吸引力：标题是否能够吸引读者的注意力，是否能让读者产生继续看下去的欲望。

二是准确性：标题是否能准确地表达出文章的中心思想和核心内容，会不会误导读者。

三是独特性：标题是否与其他类似文章的标题有所区别，具有一定独特性。

四是简洁性：标题是否简短明了，易于理解，没有过于复杂或冗长的表述。

五是共鸣性：标题能否触动读者的情感，让他们产生共鸣。

二、通讯开头

通讯开头的写法比较灵活，没有固定的模式，可以说是五花八门。开头要根据新闻的内容进行挖掘和提炼，紧扣新闻主题，直接或间接地引出全篇的主题思想，要新鲜生动，要与整篇文章风格一致。

通讯的开头多种多样，既可以用重要情节作开头，也可以用尖锐的矛盾冲突作开头；既可以用鲜明的对比作开头，也可以用精辟的议论作开头；既可以用优美的故事作开头，也可以用恰当的引语作开头。但无论怎么选择，都要紧扣主题，不能下笔千言、离题万里，泛泛空谈。通讯开头的写作形式一般有以下四种。

1. 悬念式

就是在开头部分造成悬念，设置矛盾或疑团，而后寻根溯源，一一道来，最后消除读者心里的种种疑问。这种结构形式非常符合读者的心理需求，会达到引人入胜的效果。

2. 描写式

就是抓住某一个有意义、有价值的新闻现场，进行详细的描写和叙述，先期营造一个氛围和气氛，吸引读者看下去。

3. 抒情式

就是用煽情的语言和感人的情节切入正题，以情动人，让读者产生丰富的联想和想象，激发和引起读者的阅读兴趣。

4. 提问式

就是先提出一个尖锐的问题，揭露矛盾，再作简要的回答，以引起读者的关注和思考。

三、通讯正文

通讯正文是指通讯的主体部分，是一篇通讯的骨干内容和主要部分，所占篇幅较长，信息量大。在叙事方式上，呈现多种多样。字数较少的通讯，可以一气呵成；文字较多的长篇通讯，常以小标题标明层次，更便于读者阅读。

通讯的结构有纵式结构、横式结构和纵横结合等三种形式。

1. 纵式结构

纵式结构就是根据新闻事件的发展和延伸，以及推进情况组织材料，或者按照事件发生的时间顺序组织材料，这种方式脉络清晰，一气呵成。

采用纵式结构，就要按时间顺序或事物发展的顺序来安排结构。在使用这种结构时要注意文章详略得当，布局巧妙，富有变化，避免平铺直叙。

2. 横式结构

横式结构就是根据新闻事件的主题思想和中心内容，把不同时空发生的故事整合起来，从不同的侧面、不同的角度，把几个相关联的内容组成一个有机整体。

采用横式结构，就要根据时空的变换或按照事物的性质来安排使用材料。这种结构涉及面较广，内容繁多，要注意不同空间之间的相互变换。采用空间变换的方法安排结构时，就要以地点的变化来组织每个部分的内容；如果按事物性质安排结构，就要紧密围绕新闻的主题，并列式地描述不同的几个侧面。

3. 纵横结合结构

纵横结合结构相对复杂，有些报道内容重大，影响比较深远，涉及较多的空间和人物，可以采用这种方法谋篇布局、组织材料。横中有纵，纵中有横，这样处理材料可以做到脉络清晰、杂而不乱。

采用纵横结合式结构，就要以时间的先后顺序为经，以空间地点的变化为纬，把两者有机结合起来。采用这种时空交叉的方式写稿，一定要注意每个段落之间的逻辑关系，不能前后矛盾，不能关系错乱，既要承上启下，相互关联，又要层次分明，条理清晰，前后贯通，上下浑然一体。

四、通讯结尾

通讯的结尾写作千姿百态，比较灵活，可以是画龙点睛，也可以重言压阵，或者是自然收尾。一个好的结尾，可以深化新闻主题、引人深思。通讯的结尾一般有以下三种形式。

1. 评论式

运用评论式语言收尾，可以是记者直接发表议论，也可是借用别人的话进行评议，这样可以进一步帮助读者加深对新闻主题的理解。

2. 总结式

对于一些内容较为复杂的通讯，在结尾处可以用概括性的语言进行总结，对全文做理性归纳。

3. 展望式

在新闻事实描述和表述结束后，可以对事件未来的发展方向和发展结果做出科学的预测和推断，以引起人们的关注。

在通讯写作中，标题、开头、正文是必须有的，结尾在某些文章中可以没有，要根据新闻表述的具体情况和内容而定，有话则说，无话则停，不可狗尾续貂。

第四节　通讯写作方法

好的通讯，要有虎头豹尾猪肚子。具体讲，就是开头要写得新颖活泼，表现有力，吸引读者；正文部分内容要丰富，曲折有致，波澜起伏，逻辑清晰，层次分明；结尾部分要重言压阵，醒目提神，有气势。通篇文章做到前后贯通，浑然一体。

一、通讯写作的基本要求

通讯是一种深入详细报道具有一定新闻价值人物、事件和经验的文体。通讯写作有哪些基本要求呢?

1. 内容的准确性

通讯写作要确保信息来源的准确性和客观性，不能夸大或歪曲事实，要保持中立和客观的态度，不偏袒任何一方，遵循新闻职业道德。

2. 故事的完整性

通讯写作要呈现和提供全面的信息，包括事件的背景、细节和相关人物的观点。按照事件发生的时间顺序或逻辑关系组织文章，使读者能够清晰地了解事件的发展过程。

3. 新闻的时效性

新闻魅力在于“新”，新闻发生后，要及时采访、撰写通讯稿件，及时传递稿件，尽量迅速报道事件，以保持新闻的新鲜感和时效性。

4. 文章的可读性

要学会讲故事，对立体典型的形象、生动鲜活的情节，要不惜笔墨浓墨重彩，增强文章的可读性；要使用简洁明了的语言，便于读者理解，尽量避免使用复杂的句子和专业术语。

二、通讯的写作方法

通讯的写作方法相对自由灵活，没有固定的模式。通讯员可以根据确立的主题和收集到新闻素材，以及个人的习惯进行创作，重点把握以下三点。

1. 明确主题，选好典型

主题是一篇通讯的灵魂，选好主题是关键。在撰写通讯前要选择一个好的典型，再确定通讯的主题，确保内容具有新闻价值和吸引力。

一篇通讯是否有新闻价值，是否能吸引读者，关键在选题，重点在是否具有典型性。

如何选择典型呢？要选择那些能够反映时代精神、展示时代风采的典型人物和典型事件，就是能够反映主流价值观、反映时代新风，具有一定代表性，具有宣传价值和教育引导意义的人和事。

2. 写出特点，突出重点

通讯的最大特点是讲故事，无论是人物通讯、事件通讯，还是工作通讯，都离不开人的话题。所以通讯写作要有故事、有情节、有情感，要把人物写好写活，做到以情感人，以情动人。

在刻画人物时，要抓住人物身上的特点，运用形象生动的语言、细节描写，引用有个性的对话，让人物有血有肉，更加个性化和形象化，使报道更加生动有趣，增强读者的阅读兴趣。

在讲述事件时，要抓住事件的核心，围绕中心事件、中心主题展开，通过完整的情节和生动的细节，或抓住关键性场面，讲述事件的来龙去脉和完整的发展过程，从而表达记者的意图和思想。

在总结某项工作成就时，要突出重点，抓住关键，不可面面俱到，要在“新”上做文章、下功夫，要重点写新的措施、新的方法，总结出新的经验和新的成效，从而指导推动实际工作。

3. 用心构思，巧妙布局

一篇通讯写得是否成功，文章的结构布局非常重要。在撰写稿件前要认真构思，精心布局，根据收集到的材料，确定采取什么样的叙事结构。

第五节 人物通讯写作

人物通讯是最为常见的通讯形式之一，也是一种重要的应用文体。人物通讯以人物为中心，通过对特定人物工作生活经历的讲述，展现人物的思想品质、精神面貌和工作业绩，从而揭示人物的时代特征和时代风貌，从中给读者某种启示或思考。

一、人物通讯的特点

人物通讯主要是对特定人物的报道，这种写作形式具有以下四个显著特点。

1. 注重通过描写对人物形象进行生动精确的刻画

通过详细的描写，读者可以清晰地了解被报道人物的外貌特征、性格特点、行为举止等方面的细节，在脑海里形成丰满、完整的人物形象。

2. 注重对人物内心世界的深入挖掘

除了客观地呈现人物的外部形象，人物通讯写作还要尽可能地探索人物的内心世界，如人物的思想、能力、情感、价值观等内容。通过这种深入挖掘，使读者可以更加全面地认识和理解被报道的人物。

3. 注重从多个侧面全面展现人物的形象

在报道人物的时候，要以多角度、全方位的方式进行，努力使读者对被报道人物有一个更加全面和全景的认知。这种多侧面的展现方式能够让读者更好地理解人物的性格特点和思想情感，使人物丰满起来，呈现立体化。

4. 注重对人物背后故事的挖掘和展示

人物通讯不仅关注人物的生平事迹，还关注人物身世背景、成长环境、经历等方面，通过对这些信息的展示，读者可以更好地理解人物的成长历程、奋斗经历以及对其人物形象产生的影响因素。

总之，人物通讯写作是一种注重描绘人物形象、深入挖掘内心世界、全面展现多个侧面，以及揭示背后故事的写作形式。通过这种形式的写作，读者可以更加全面深入地了解被报道人物，感受其独特魅力和人生价值。

二、人物通讯的写作方法

在企业里有许多先进典型人物，他们在各自平凡的工作岗位上，作出了不平凡的成绩。作为基层的通讯员，要深入挖掘、大力宣传，弘扬主旋律，传播正能量。那么，如何写好人物通讯呢？

1. 选准人物对象

要选择一个有新闻价值、有故事性、能够引起读者兴趣的人物作为报道对象。同时，这个人物必须是领导组织认可、职工群众称赞的人，在他的身上要体现出先进性和典型性，可以立得起、站得住、具有时代特征。在开始写作之前，要深入了解报道人物，收集有关他们的信息，了解他们的人生背景、性格特点、工作经历和业绩成就等。

2. 突出一个主题

人物确定之后，要对人物进行认真全面的采访，对收集到的材料进行认真整理，仔细梳理，最终确定一个能够突出人物特点或成就的报道主题，之后，围绕这一主题组织材料。要注意材料的选择和取舍，不可事无巨细、面面俱到，要选取那些最能反映人物特点和个性的素材。

3. 讲好一个故事

首先，要有精彩的开头。可以选取一个有趣的场景、一个引人思考的问题或一个令人惊讶的事实，让读者立即对人物产生兴趣，吸引读者看下去。

其次，要有生动的细节。通过描述人物的外貌、动作和表情，让读者感受到人物的个性和情感。通过人物一些生动独特的语言和独到的观点，展示人物的内心世界和心里活动，让人物具有形象性和立体感。

再次，要有引人入胜的故事。先进人物身上大多会发生一些感人至深的故事，或刻苦学习、认真钻研，或敬业爱岗、履职尽责，或技术革新、创造发明。所以，要讲好他们在面对挑战、克服困难、实现人生目标过程中的成长经历，展现他们奋斗精神。通过这些感人的故事，让人物变得真实生动丰满起来，使通讯作品更具吸引力和可读性。

4. 守住一个底线

写人物通讯一定要坚持客观公正，实事求是，不能为了树立完美高大的人物形象而随意拔高。俗话说，金无足赤，人无完人。即使是先进人物，自身也有这样或那样的缺点和弱点。所以，在写人物时，一定要实事求是，把握好尺度，采用的材料要真实准确，不可虚构掺假。否则，会造成不良的负面影响，甚至会出现“低级红”“高级黑”现象。

三、人物通讯的写作技巧

在通讯写作中，人物通讯是比较难写的：一是人物的身上要有新闻性，二是人物要具有先进和典型性，三是要有故事性。要想把一个人物写得真实生动、活灵活现，通讯员要具备一定的分析观察能力和新闻采访能力，也要掌握一些写作方法和技巧。人物通讯写作时要注意以下四个方面的问题。

1. 刻画人物

准确而生动地描绘人物的性格、情感和经历是关键。要避免简单的叙述，而是通过细节和故事来展现人物的独特性和真实性。

2. 真实客观

在写作时要尽量保持客观和中立的态度，避免主观判断和偏见，以确保报道的准确性和可信度。

3. 讲好故事

要构建一个引人入胜的故事结构，使文章有起承转合，吸引读者的注意力；要找到适当的情节和转折点，以保持读者的兴趣。

4. 选择人物

在全媒体时代，吸引读者的注意力是一个挑战。选择人物要考虑那些大众关注的、喜闻乐见的人物，通过分享他们独到的生命形态和生活轨迹来吸引读者。

四、人物通讯写作的注意事项

在通讯员的来稿中，人物通讯稿件主要存在人物选取不典型，特点不鲜明，故事不生动，表述不客观等问题，下面总结一下人物通讯写作应避免的几个显著问题。

1. 有人无魂

就是只简单地罗列人物的经历和事迹，不会选择典型材料，不会组织安排材料，不善于透视人物的内心世界，没有站在时代的高度对人物进行深入挖掘。往往是只有“人”孤立存在，而缺少对人物思想感情、性格特征和精神境界的挖掘。

2. 有魂无人

就是能够站在一定的高度，把握住了方向性和时代性，但在刻画人物的个人形象、精神气质等方面，缺少具体生动的典型事实，显得空洞抽象，人物也因此缺少血肉。

3. 千人一面

就是人物雷同，缺乏个性，没有特色。因此，要善于通过人物的语言、行动、心理和具体细节等来刻画人物。

4. 褒一贬百

就是写作人物通讯时，为了突出报道的特定人物而压低一大片。千万不能通过把群众写成矮小落后，来突出人物的先进和高大，而应该采用“水涨船高”的方法，正确处理好“一”与“百”的辩证关系。

5. 高、大、全

就是把新闻人物写成满口豪言壮语、没有七情六欲的“神”，写成圣人、超人和完人。例如写先进人物坚守岗位、勤奋工作，不要动不动就写他的父母病危不回家照顾、妻儿无人照料也不离岗。这既不符合人情常理，也不符合“以人民为中心”的社会主义核心价值观。

即使是先进人物也有普通人的生活和情怀，也食人间烟火。人物通讯要写得真实客观、入情入理。只有这样，人物的形象才会有血有肉、才会真实可信。

这些是人物通讯写作中要避免的不良倾向。克服这些问题需要通讯员深入研究写作技巧，不断提高写作能力和对人物故事的敏锐感知力。

作品范例 1

如果有机会，我会重新再来

——记郑州桥工段海棠寺线路车间南阳寨工区工长谢全刚

记者　孟宪明

作品分析

这是一篇反映铁路职工自强不息、挑战自我、勇往直前的人物通讯。这篇通讯主要有以下三个特点。

一是人物鲜活。文章用生动的语言，通过一个个典型的事例，向读者讲述了职工谢全刚刻苦学习、奋斗不止的感人故事，刻画了一个生动鲜活的人物形象。

二是标题有力。在制作这个标题的时候，记者先后拟写三四个标题，但是总感觉不能充分体现人物的性格、思想和品质。最后突然想起了在采访中听到的谢全刚的一句话：“如果有机会，我会重新再来！”这句话当时对记者震动很大。这既是他对未来的一种决心和信心，又是对生命的渴望和眷恋。于是，记者就以他的原话作为标题，一语双关，让人回味无穷。

三是语言质朴。这篇文章语言质朴，没有华丽的辞藻，没有过多的渲染，而是用白描的手法和最平实的文字和语言，娓娓道来，贴近生活，贴近读者。

作品范例 2

一对“国”字号新人的浪漫爱情

记者　孟宪明　申洪雨

作品分析

这是一篇反映铁路职工敬业爱岗、比学赶帮，最终收获爱情和成就事业的人物通讯。

这篇通讯有故事、有情节，可读性非常强。

作品的开头采用现场描写的手法，首先是切入了婚礼的现场，让读者眼前一亮，立刻引起了兴趣。正文采用倒叙的手法，详细讲述了两位新人的成长经历和奋斗历程，以及浪漫的爱情故事，逻辑连贯，层层递进，一气呵成。

结构上，设立了三块内容，既相互独立又相互关联，每块内容都有单独的小标题，一目了然。

标题概括性极强，直接点题，既通俗易懂，又暗藏玄机。

在内容的选取上，采用了典型感人的事例，以及富有个性和特点的情节，进一步增强了文章的可读性和生动性。

第六节 事件通讯写作

事件通讯是一种深入全面、生动形象、详尽描述新闻事件的通讯。它主要关注和报道特定事件的发生和发展、原因和结果、意义和影响，向公众及时、准确地传达事件的信息，并对事件进行深入分析和解读。事件通讯可以涵盖各种类型的事件，如政治事件、社会事件、自然灾害、突发事故等。它的目的是向公众传递信息，引发关注，并促进对事件的理解和讨论。

一、事件通讯的特点

1. 及时性

事件通讯通常要求快速报道事件的最新进展和动态，以满足读者对即时信息的需求。

2. 准确性

报道应基于可靠的信息来源，确保事实准确无误。

3. 完整性

事件通讯应提供事件的背景、原因、经过、结果等方面的详细信息，使读者能够全面了解事件。

4. 客观性

在报道事件时，应保持客观的态度，不偏袒任何一方，并尽量提供各方的观点和意见。

5. 解析性

除了描述事件本身，事件通讯中还可以对事件进行分析和解读，探讨其背后的原因、影响和可能的发展趋势。

二、事件通讯的写作技巧

一篇好的事件通讯，要有新闻性很强的事件、精彩的开头、丰富厚重的正文和重言压阵的结尾。

1. 选准典型的新闻事件

好故事就是要选准社会关注、读者关心，具有一定社会意义、具有典型性、时代性和新闻性的事件。每天都在发生着诸多事情，不是每个事情都可以去挖掘去采写，要去寻找和关注那些有传播价值的事件，才能产生一定的社会反响。

2. 写好引人入胜的开头

开头是事件通讯的精华部分，担负着概括主题、吸引读者的双重任务，可以从以下四个方面进行考虑。

一是使用生动鲜活的引语或引言。可以是一句引述相关人物的话，或者是一个能够概括事件核心的简短描述。

二是强调事件的独特性或重要性。在开头部分解释为什么这个事件值得读者关注，可能对人们的生活、社会或特定领域产生的影响。

三是创造悬念或紧张感。通过创造悬念或紧张感来吸引读者的兴趣，可以描述事件发生的紧急情况、不确定性或潜在的危机，让读者产生读下去的想法。

四是提出问题或挑战。在开头提出一个与事件相关的问题，引发读者的思考，激发读者对事件的兴趣，促使读者继续阅读下去，以寻求答案。

需要强调的是，开头部分一定要简洁明了，很快切入主题，避免过于冗长或复杂的表述。

3. 讲清事件的来龙去脉

正文部分详细描述和报道事件的核心内容，要掌握以下五点。

一是按照事件发生的时间顺序叙述事件，使读者能够清晰地了解事件的发展过程。这样可以增加文章的连贯性和可读性。

二是要描述事件的具体细节，提供相关的信息，包括事件发生的时间、地点、人物、经过、结果等，让读者能够全面了解事件的整个过程情况。

三是使用生动的语言描述事件发生的场景和氛围，以及人们的情感反应，从而引发读者的共鸣。

四是分析事件对个人、企业、行业或社会带来的影响或带来的变化，引发人们的思考和讨论。

五是要使用简洁、清晰的语言进行表达，避免使用过于复杂生僻的词汇或过于深奥的专业术语。在描述事件时，要实事求是，不夹杂个人情绪，避免主观判断或偏见，做到事实准确无误，立场客观公正。

4. 使用引人思考的结尾

事件通讯的结尾部分是对整个报道的总结和结束。它的写法比较灵活，可以是重言压阵，也可是自然收尾。一个好的结尾可以引发读者的思考，留下深刻的印象。

一是简要总结事件的要点和关键信息。

二是强调事件的深远影响和重大意义。

三是展望事件对未来和后续的发展可能带来的重大影响。

四是提出一些相关的问题或观点，引发读者的思考。

结尾要与前文相呼应，与文章的整体风格和主题相一致，这样可以使文章更加完整、有说服力。

三、事件通讯写作的注意事项

在事件通讯写作中，要避免出现以下五种不良倾向。

1. 主观意识

事件通讯应该保持客观和中立的态度，避免加入个人偏见或情感色彩，尊重事实，确保报道的信息准确无误，避免传播虚假、夸大或未经证实的内容，以免误导读者。

2. 以偏概全

要深入扎实采访，掌握了解全面的信息，提供详细的事件描述，避免遗漏重要信息或关键细节，避免孤立地看待事件。

3. 过度渲染

避免使用夸张、情绪化或煽动性的语言，以免过度渲染事件，影响读者的客观判断。要正确引用他人的观点和言论，避免曲解或断章取义。

4. 侵犯隐私

要遵守法律和道德规范，尊重事件涉及的个人和群体的隐私权，避免曝光敏感信息或侵犯他人的合法权益。

5. 匆忙结论

在事件还处在发展或调查阶段时，要避免过早下结论或做出猜测，以免影响事件的公正性和准确性。

作品范例

丝绸之路上的“黄金驼队”

——写在中欧班列（郑州）开行 2000 列之际

记者　孟宪明　通讯员　栗璋鹏

采写背景

中欧班列（郑州）是国铁集团和河南省精心打造的一个铁路货物运输品牌。从 2013 年 7 月 18 日开行以来，记者一直关注着这趟班列的开行情况，在一些重要节点上都会跟进报道。

2019 年 4 月 1 日，记者从有关部门了解到，中欧班列（郑州）将于 4 月 3 日开行第 2000 列。得知这一线索后，记者提前采访有关部门，对班列开行 6 年来的情况进行了深入采访和挖掘。开行当天，记者亲自现场采访班列的装车和开行。之后以班列开行 2000 列为新闻由头撰写了这篇通讯。

作品分析

这是一篇反映中欧班列助力“一带一路”建设的通讯作品。

在通讯的构思和立意上，记者跳出了以往铁路题材只写铁路的思维方式，而是站在国家“一带一路”倡议和中原经济区建设的高度，这样就充分体现出了开行中欧班列（郑州）的重大意义。

在内容和结构的安排上，采用分块式的横向结构，三个板块相对独立，分别讲述不同的内容；运用了大量典型材料和有说服力的数据，内容丰富，材料扎实。前后呼应，上下浑然一体。

在标题制作上，主标题蕴藉形象，副标题点明时间节点和报道主体；每个分段的独立小标题，直接点明本部分的主要内容，让读者一目了然。

开头用现场描写的手法直奔主题，以此吸引读者；之后对郑州局6年来开行中欧班列（郑州）的情况进行分块式的详细讲述。从整体上看，全篇段落清晰、层次分明、行文流畅。

这篇通讯刊发后，在社会上引起了良好反响，新华网、人民网、央视客户端、人民日报客户端、《人民铁道》报等众多媒体相继转发。

第七节　工作通讯写作

工作通讯是一种直接反映和指导现实工作的通讯，是企业报刊常用的报道形式。它侧重于对工作中出现的新情况、新经验、新问题的研究和探讨，通过对新闻事实的分析和总结，提出带有规律性的经验和启示，进而推动工作高质量健康发展。

一、工作通讯的特点

工作通讯是一种以报道工作情况为主要内容的通讯，具有以下五个特点。

1. 指导性

工作通讯通常是为了宣传工作经验、指导工作而写的，它可以反映一个单位对上级指示、工作部署的落实情况、取得的成效和业绩；同时也可以为其他单位提供好的工作方法和经验，以及有益的启示。

2. 针对性

工作通讯将介绍工作经验和分析问题作为主要目的，反映的是日常的现实工作，通过对工作中的具体问题或情况进行分析、归纳，从中总结出好的做法，具有很强的针对性和实用性。

3. 时效性

工作通讯及时反映工作中的新情况、新经验和新问题，不拘一格，形式多样，具有较强的时效性。

4. 务实性

工作通讯客观报道工作情况，既对新闻事实进行经验性的概括，又对问题发表议论，提出解决矛盾的办法，不夸大、不缩小，实事求是，保持了客观公正的态度。

5. 简洁性

工作通讯的结构相对简单，层次清晰，突出重点，篇幅不长，简练概括，避免了冗长和烦琐，使读者能够快速了解工作情况。

二、工作通讯的写作方法

工作通讯的写作相对自由灵活，没有固定的模式，可以根据确立的选题和收集到的新闻素材，以及个人的习惯进行提炼总结。总体上讲要把握以下四点。

1. 收集真实详尽的信息

全面收集新闻素材，包括工作的今昔对比、工作措施、保障机制、破解难题、最终结果、取得成绩及发展前景等。要确保信息准确、客观，并提供真实的证据或数据支撑。

2. 提炼确定新闻的主题

对收集到的素材进行认真梳理和筛选，找出最有说服力、最具代表性的做法和措施，从几个侧面进行归纳提炼。在确定报道主题后，认真谋划文章的间架结构，按照先重要、后次要的排列顺序开始撰写。通过列举一系列新闻事实和有说服力的数据论证，最后总结出工作经验，并引申出得到的有益启示，以指导推动现实工作健康发展。

3. 写出活泼流畅的文字

工作通讯的内容相对枯燥，缺少故事性，通讯员需要改进文风，创新叙事方式，才能让工作通讯更具可读性。要避免使用过于专业的术语或晦涩的词汇，确保读者能够轻松理解所讲的内容。

4. 严格稿件质量的把关

工作通讯一般展示本单位的重点工作，通讯员完成稿件后，不要急于发稿，要请有关领导和相关部门帮助审核稿件，看看稿件是否准确无误，是否涉密。

如果有些工作涉及保密事项，工作和数据不宜公开，需要慎重处理稿件。

三、工作通讯写作的注意事项

工作通讯主要是报道行业或企业的工作情况和工作成就，通讯员在撰写稿件时要尽量避免出现以下六个方面问题。

1. 模糊不清

要避免使用模糊、含混或不准确的语言，确保表达清晰明确，避免读者产生歧义。

2. 冗长复杂

要避免冗长和过于复杂的句子结构，要多使用短句，多使用短的段落，要让文章有间隔、有气口，便于读者轻松阅读，轻松理解内容。

3. 专业术语

在文章中尽量不用或者少用专业术语或行业特定的词汇，除非确定读者能够看懂理解，否则会让读者一头雾水，不知所云。

4. 夸大其词

要避免过度夸张或夸大新闻事实，保持内容客观真实，经得起实践的检验。

5. 缺乏证据

如果提供了观点或结论，就要有足够的证据和数据支撑，千万不要凭空猜测或没有根据地判断、推测。

6. 内容杂乱

文章涉及的内容不易过多过杂，不要面面俱到、平铺直叙、缺乏逻辑、堆砌数字、枯燥无味。要突出重要的新闻事实，选择重要的核心内容。

作品范例

不离土、不离乡，铁路帮扶奔小康

——郑州局集团公司定点扶贫助力乡村振兴工作纪实

记者　孟宪明　张德洪

采写背景

郑州局集团公司认真落实国铁集团的部署，勇担铁路企业的政治社会责任，2018 年以来，先后选派 16 名铁路扶贫干部，到曾经的国家重点贫困县河南省洛阳市栾川县和商丘市虞城县开展脱贫攻坚工作，先后投入 5576 万元帮扶资金，对 98 个项目实施精准扶贫，直接受益贫困群众达 10 万多人，被授予“全国脱贫攻坚先进集体”称号。

2020 年 10 月，在脱贫攻坚战圆满收官之际，记者奔赴栾川县和虞城县，翻山越岭，走村串户，开展了为期一周的深入采访，精心撰写出这篇通讯，以浓重的笔墨全面报道了铁路企业的扶贫成果。

这篇作品在《中原铁道报》刊发后，先后被新华网、人民网、人民铁道网等多家媒体平台转发，充分展示了国有企业在打赢脱贫攻坚战中的政治责任和社会担当，产生了良好的社会反响。

作品分析

这是一篇反映郑州局集团公司帮困扶贫、推动乡村振兴的工作通讯。作品站在坚决打赢脱贫攻坚战、全面建成小康社会的政治高度，对郑州局集团公司8年来的扶贫工作和扶贫成果进行了全方位、多视角的报道。

这篇3000字的作品，分别从4个方面对郑州局的扶贫帮困工作进行了全面深入的讲述。

从作品的内容上看，作品材料扎实，内容丰富，数据翔实，事件典型，有矛盾、有情节、有细节，可读性强。小切口反映大主题，接地气、有温度。

从作品的结构上看，构思巧妙，布局合理，层次清晰，段落分明。开头部分直奔主题，把扶贫的主要成果直接讲出，提纲挈领，犹如高山坠石；正文中4个部分的内容既相对独立，又相互关联，前后照应，上下浑然一体。

从作品的标题上看，主标题摘自当地百姓流传的话，生动活泼，直观形象，朗朗上口；副标题点明主要内容，简洁准确，概括性强，主副标题虚实结合、互为补充。文中的4个小标题，特色鲜明，长短结合，形式统一。

从作品的语言风格上看，文风清新，文笔流畅，语言鲜活。

第五章

深度报道写作

深度报道是系统地反映重大新闻事件和社会问题，深入挖掘和阐明事件的因果关系，揭示其实质和意义，并追踪和探索其发展趋向的一种报道方式，以新闻性、解释性、调查性和分析性为特征。

本章将围绕深度报道的基本知识、写作方法，以及典型类、调查类、事件类、社会类、人物类等深度报道的写作要求和写作注意事项等内容进行讲解，同时，列举一些新闻范例进行分析点评，以便加深通讯员对深度报道写作的认识和理解。

第一节　深度报道基本知识

深度报道最初是报纸为应对电子传媒竞争发展而来的。在全媒体时代，深度报道已被广泛地运用到各类媒体中，不再为报纸所独有。严格地讲，深度报道不是一种新的新闻体裁，而是对通讯文体的延伸和扩展，是通讯的另一种报道方式。

一、深度报道的概念

关于深度报道的概念，《新闻学大辞典》是这样定义："运用解释、分析、预测的方法，从历史渊源、因果关系、矛盾演变、影响作用、发展趋势等方面报道新闻的形式。"

《宣传舆论学大辞典》则是给出这样的解释："通过系统的科学材料和客观的解释、分析，全面深入地展开新闻内涵的报道形式。"

深度报道是一种追求深刻性的报道，它不仅关注事件的本身，更注重揭示事件的原因和后果，以及这些因素如何影响未来的发展。它通过对过去的事件与其背景的对照，以及对未来可能发生的事情的解释，帮助读者理解新闻事件背后的深层含义，是一种深层次的报道。

深度报道不受篇幅的长短限制，目的是为读者提供深刻的理解和洞察。

二、深度报道的特点

深度报道除了包括传统的新闻要素外，更加关注事情的“怎么样”和某种“意义”，具备以下五个特点。

1. 新闻的重要性

这种报道首先是题材重大，所报道的对象多为重要或重大的新闻，是与大众利益密切相关的事件和问题，或是社会各界关注的热点话题，大多是对社会热点焦点的透视和大众话题的评说。

其次是新闻的意义重大，具有很强的针对性和典型的时代性，对解决现实问题、推动社会进步发展具有一定的指导性和促进性。

2. 材料的完整性

深度报道具有大跨度、大空间、多侧面、多角度、全方位的特点，既有宏观层面上的分析，又有微观层面的透视；既回顾过去，又剖析现实，同时也预测未来。

3. 思想的深刻性

深度报道有分析、有思辨，通过对大量丰富的材料的深度剖析，挖掘新闻背后的新闻，从而揭示事物的本质和内涵。

4. 体裁的综合性

深度报道不是一种独立的体裁，只是追求深刻性的一种报道方式和理念。深度报道的综合性往往表现为体裁的综合、内容的综合和表现手法的综合等。

5. 背景的知识性

深度报道往往提供大量的背景材料，涉及古今中外、各类学科知识，可以引起受众的兴趣，满足读者的阅读需求和欲望。

三、深度报道的类型

深度报道按照报道组合形式可分为单一型和集合型。

单一型又可分为以下五种形式。

1. 典型传播类

就是对工作中的典型经验、典型人物，进行详细深入的分析，并总结出某种经验启示。

2. 综合概括类

就是对某一主题或某一方面问题、事实和背景，进行归纳综合，从中提炼出某种观点，提出有针对性的改进建议。

3. 分析调查类

就是对某些比较复杂的新闻事实，或新近出现的社会问题、大众普遍关注而又迷惑不解的事实进行分析和剖析，做出解释和结论，从而揭示其实质和意义，预测其未来发展的趋向等。

4. 提出问题类

就是只提出问题。这类问题一般是典型的、有普遍意义的，但又为大众所忽略的。文中虽不对问题进行解答，但能引发人们深层次的思考。

5. 对比揭示类

就是通过对比两方面不同性质的事实，给出深刻的主题揭示。

集合型是由多篇报道组成的深度报道，一般可分成以下三种。

1. 连续报道

连续报道就是在一定的时间内，对某个新闻事件或新闻人物，进行持续不断的连续报道，使大众对报道对象和内容有一个完整全面而又深入的了解。此类报道又有二种情况。

一是进行式连续报道。主要是用来报道正在发展过程中的事物或处于正在进行的事件，以事物的连续性和时间的先后为着眼点，不断地发表多篇报道。

二是反应式连续报道。就是一些重要的典型事件和人物，或重要问题，经媒体报道之后，引起了社会各方面的不同反应，然后将这些反应又连续报道出来。

2. 系列报道

系列报道就是运用多种报道体裁和形式，从多个角度、多个侧面和不同层次，反映同一重大新闻事件或新闻人物。它不着眼于时间性和连续性，而是重在对事件和人物的深入解剖和深刻透视。

3. 组合报道

组合报道就是围绕同一主题、同一主线、同一问题，将不同内容、不同形式、不同体裁和不同来源的新闻稿件编排组合在一起，从而形成强大声势，使报道更加立体化。

四、深度报道的写作方法

深度报道重在一个“深”字，一篇好的深度报道既要反映出新闻的重要性、故事的完整性和思想的深刻性，又要体现新闻的全面综合性和内容的知识性。那么，如何写出一篇好的深度报道呢？总体来讲，应该把握以下三点。

1. 选择重大题材，确立新闻主题

深度报道是为现实社会服务的，在新闻选题上，要关注社会生活中出现的热点、焦点和矛盾点等问题，选择那些大众普遍关心、关注的社会话题和一些重大题材的新闻事件。

对通讯员来讲，就是要紧紧围绕企业的中心任务和重点工作开展策划，挖新闻，找选题。要突出行业特点，反映行业特色，既可以挖掘具有时代特征的先进典型人物，也可以反映具有开创性的特色工作和发展成就。既可以就某项专业性的工作开展调查，提出合理化的建议，指导和推动企业工作健康发展，也可以聚焦某项工作中存在的短板和问题开展调查，分析其中的原因，提出解决问题的对策，为上级科学正确决策提供参考和依据，促进问题的及时有效解决。所以，深度报道要在新闻题材上进行认真筛选，仔细分析研判。

在确立新闻主题之前，通讯员先要问自己：我想干什么？我的报道目的是什么？为什么要这样干？

只有思想深邃，报道才能深刻。通讯员要具有敏锐的新闻观察力、判断力，具有深刻的感悟力，登高望远，提高站位，开阔视野，拓宽思路，学会从繁杂众多的新闻素材中，挖掘提炼出有价值含量、对现实社会和工作有积极推动作用的新闻主题。

2. 多角度论证，全方位透视

在确立报道主题后，就要开展深入细致的调查研究，广泛收集和发掘与主题相关的现实情况、重要内容、事件的关键情节细节和相关资料，探究其历史背景和目前的发展现状，分析其中的原因，提出科学合理的建议和意见，从而揭示出重大新闻的主题和主旨。

深度报道既要表现大跨度、展示大空间，同时又要做到宏观与微观相结合，这就需要从多侧面、多角度反映和阐述新闻事件，做出全方位的分析和透视，在“深”字上做文章、下功夫。

深度报道与其他新闻体裁既有相同或相似之处，又有其突出的特性。在报道的内容上，既要陈述现实，又要追溯过去，还要分析预测未来，所以，在报道材料的选取上，要选取典型的关键性材料和具有说服力的事实，从而使文章内容更加丰富，更加翔实，更加厚重。

在新闻事件中，最先看到的东西往往是一种表面的现象。而深度报道的要求是要透过新闻现象抓住事物的本质，挖掘事件背后深层次的东西。

如何抓住事物的本质呢？最基本的途径就是学会由表及里，层层挖掘，逐步深入，一层层地将事物的表层揭去，直至抓住事物核心的问题。要选择那些具有典型性的材料和典型案例，为新闻的主题提供有力的观点支撑和佐证，使文章更具有客观性和科学性，增强文章的说服力和感染力。

在采写稿件的时候，要坚持唯物辩证法，从正反两个方面、多方位多维度考虑看待问题，不能以偏概全，不能片面化和绝对化。只有秉持辩证的思维，方能从复杂中找到真知灼见，反映出自己的独到之处。

通讯员要有独立思考的能力，不能简单地认同和相信社会上的各种评说，更不能有从众心理，人与亦云，随波逐流，失去自我判断能力，一味地无原则地迎合大众，或者戴有色眼镜看待事物。在写作时，千万要避免出现片面化、零碎化、静止化和平面化的现象。要做到全面完整、动态立体地反映整个事件的来龙去脉。

3. 叙事灵活多样，合理谋篇布局

深度报道与一般的新闻报道在表达方式上有所不同，没有固定的模式，通常是夹叙夹议、边述边评，既有直接性的叙述，也有主观性的议论。叙述必须做到客观真实，事实准确；议论必须做到思想深刻、逻

辑严密，具有较强的思辨性和逻辑性。

在叙事风格上，无论什么新闻题材，都不要为了追求庄重严肃而变得生硬刻板、面目可憎，也不要为了生动活泼而变得添枝加叶，花里胡哨，要做到有张有弛，有章有度。

在文章结构上，要合理谋划，巧妙布局，根据采访到的新闻事实、事情的因果关系，合理安排文章的间架结构。既可以按照事物发展的时间顺序，采用纵式结构叙述，也可根据事件内容和时空变化，采用横式结构叙事，或者采用交叉互换的纵横式结构叙述。

总之，要根据内容材料和新闻事实，科学合理安排文章结构，做到层次分明，段落清晰，布局合理，便于读者阅读理解。

由于深度报道的开展是立体化、全方位的深入报道，采访、写稿的周期较长，文章篇幅也较长，在新闻的时效性上会显得相对弱，但新闻的深度、厚度和影响力，远远超过其他新闻体裁。

作为铁路行业的通讯员，工作的一项重要任务就是挖掘和宣传身边的先进典型，讲好铁路故事，内鼓士气，外树形象，为企业的高质量发展、铁路现代化建设提供强大的精神动力。

第二节　典型类深度报道写作

一、典型类深度报道的写作方法

典型类报道的对象大多是先进人物或先进群体。要想让典型立得起、站得住，就要通过刻画人物的内心世界，讲述人物的典型故事，来表现人物的思想境界、优秀品质和工作业绩，从而展示出人物的时代性和先进性。

1. 深入挖掘人物

在写作之前，要对人物进行深入的采访和了解，包括他们的背景、经历、性格、成就等方面。可以通过与人物本人交谈、查阅相关资料、观察他们的行为等方式来获取信息。

2. 突出人物特点

在报道中要突出人物的特点，这些特点可以是性格上的、职业上的、成就上的等。通过具体的事例和细节来展现这些特点，让读者能够更好地了解人物。

3. 讲述人物故事

典型类深度报道在刻画人物时要讲述一些与人物相关的有趣事件和感人故事，这些故事可以是他们的经历、挑战、成功等。通过叙述故事，展示人物的不同侧面和内心情感，让读者看到一个真实、立体的人物形象，在思想和情感上产生共鸣。

4. 立体展示人物

就是要使用丰富生动的语言和细腻的写作手法，通过描写人物的外貌、语言、动作等，让人物形象跃然纸上。但是在写作时要尽量保持客观公正，以事实为依据，不能刻意夸张拔高和过度美化人物。

二、典型类深度报道写作技巧

典型类报道是比较常见的新闻题材。先进典型是比较难写：一是要有突出的事迹，二是要有感人动人的故事。尤其是老典型,要想写出新的变化、新的亮点，写出新的成就和新的作为，确实不易。这就需要用全新的思维和全新视角去思考、去审视。

1. 要与时俱新

转变旧的思维方式，跟上时代步伐，用全新的视角去观察发现老典型的变化之处。

2. 采访要更加深入细致

要善于寻找典型身上细小的变化，善于捕捉典型精神境界、思想品质上的变化，挖特点、找亮点。只要用心用力，老典型照样可以注入新内涵，写出新活力，闪耀新光芒。

作品范例

奏响敬业爱岗拼搏奉献的最强音

——来自太焦线孔庄站区的报告

记者　陈留顺　孟宪明　张耀云

采写背景

郑州局集团公司党委始终把典型宣传作为内鼓士气、外树形象、推动企业高质量发展的一项重要任务。从 2007 年开始，局党委每年都在全局范围内开展“星耀家园年度榜样”评选活动，先后推出了一大批来自生产一线的明星。这些先进典型人物在各自的岗位上发挥了很好的示范带动作用。

2012 年 3 月，原郑州铁路局党委书记杨建祥到位于太行山区、太焦线上的孔庄站区开展工作调研。在调研中，路局领导对职工扎根山区、艰苦奋斗、自强不息、埋头苦干、争创一流的精神给予高度赞扬。要求深入挖掘站区职工的感人事迹，大力宣传“艰苦不怕吃苦，安全即是奉献”的孔庄精神，激励和引领全局干部职工共建郑铁美好家园。为了叫响孔庄精神，报社领导迅速组成重点报道组奔赴太行山，走进孔庄站区，开始了为期一周的采访。

采访期间，采访组与职工吃住在一起，每天跟随职工徒步到几公里外的作业点，观察他们的工作状态；跟随职工爬上悬崖峭壁，目睹他们如何清理危石头；晚上与职工一起交谈聊天，收集了3万多字的新闻素材。职工那种认真负责、忘我工作的爱岗敬业精神，艰苦奋斗、埋头苦干的拼搏奉献精神，他们朴素的情感、质朴的话语，深深地感动着记者。

采访结束后，经过一周的紧张撰写和多次修改，终于完成了这篇11000字的深度报道。随后，《中原铁道报》图文并茂，用一个半版的篇幅隆重推出，还专门配发了《用孔庄精神促进美好郑铁家园建设》的评论员文章。

这篇报道见报后，在全局上下立刻引起了强烈的反响。孔庄站区的相关站段领导和职工纷纷打来电话，对这篇报道给予好评赞扬。局党委书记杨建祥对这篇报道作出批示：“这篇深度报道是新形势下加强职工思想教育的一份好教材。局宣传部要抓紧时间在全局开展学习孔庄精神宣传教育活动。”

随后，局党委宣传部专门下发通知，在全局迅速掀起了学习孔庄精神的活动热潮。就在当年，孔庄站区被郑州局授予“星耀家园年度榜样”道德模范特别奖。

作品分析

这篇作品是记者 2012 年采写的一篇典型深度报道，讲述的内容是郑州铁路局管内太焦线孔庄站区的 54 名职工，扎根山区、甘守寂寞，忠于职守、埋头苦干，忘我工作、拼搏奉献的感人故事。全文 11000 字，共分 5 个部分。这篇作品荣获了 2012 年度河南省企业报新闻奖特别奖。

这篇典型深度报道运用大量的事实，采用鲜活生动的故事情节和职工质朴、富有个性的话语，全方位、多角度展示了孔庄站区职工爱岗敬业、拼搏奉献的孔庄精神。

这篇报道之所以得到了各方面的充分肯定，得到广大干部职工的普遍好评，主要得益于采访的深入、报道的真实，故事的生动、人物的鲜活等等。总结为以下三点有益启示。

一是新闻宣传工作要融入中心、服务中心，紧跟时代步伐。

弘扬主旋律，传播正能量，坚持正确的舆论导向，是新闻宣传工作的根本任务。通讯员要坚持正面宣传的工作方针，始终围绕铁路企业的中心工作和重点任务，为推动铁路的高质量发展加油鼓劲，摇旗呐喊。

通讯员要有高度的政治敏感，明确新闻报道的工作方向，把做好典型宣传作为自己的主要报道任务，认真领会上级党委的工作意图，迅速高质量完成实领导安排的报道任务。要有敏锐的新闻嗅觉，善于发现和捕捉先进典型身上闪耀的光芒和高尚的品德。只有这样，才能写出凝聚人心、鼓舞士气的好作品。

二是采写深度报道，要扑下身子，两腿上沾满泥土，沉到新闻现场。

在历时一周的采访活动中，记者上线路、进班组，走遍了孔庄站区的每个角落，几乎与每个职工都进行了交谈。同时采取集体座谈与个别访问相结合的形式，分别召集车务、工务、电务等各系统的职工进行座谈交谈，先后集中召开了 5 场座谈会，认真聆听他们工作生活的点点滴滴。其间，记者还多次跟随职工，沿着线路徒步到数公里远的作业点，深入了解山区职工的工作现状，体验他们工作的艰苦和辛苦。从而挖掘和收集了大量生动、鲜活的新闻素材，为后期稿件撰写提供充足的“弹药”。

三是撰写重大典型报道要精心谋划，巧妙布局，合理运用材料。

这篇报道涉及车务、工务、电务等多个系统、多个班组，内容繁多，人物众多，如何条理清晰地讲述出来，让读者喜闻乐见？这就考验了记者谋篇布局、归纳提炼的能力和水平。

在动手撰写稿件之前，记者对3万多字的采访素材进行了认真的梳理，一一分类。紧紧围绕“爱岗敬业、拼搏奉献”这一主题，将文章分为5个板块，每个版块集中讲述一个故事，每个故事都有一个独立的小标题，之后开始组织材料，挑选新闻故事。这样一来，文章结构就做到了层次分明，脉络清晰，便于读者阅读和理解。

在文章的组织结构上，各版块之间既相对独立，又相互关联，在主标题的统领下，整篇文章上下贯通，浑然一体。

在文章的表达形式上，记者采用了轻松活泼的叙事风格上，运用写实白描的手法，围绕职工的生产生活，用干净明快的语言、生动鲜活的情节，娓娓道来，详细讲述发生在他们身上的感人故事。做到了以情感人，以事感人，具有很强的故事性和可读性。

作品范例

再谱美好家园建设新篇章

——重访孔庄站区走笔

记者　陈留顺　孟宪明　张耀云

采写背景

2012年6月，孔庄站区这个先进典型群体通过《中原铁道报》宣传后，很快引起了中央、省市级媒体的关注，各媒体纷纷派出记者前往孔庄站区采访报道，不久，“孔庄精神”便在全国叫响，很多企业和单位组织干部职工到孔庄参观学习。

郑州局的领导高度关注孔庄站区的建设和发展，十分关心车站职工的工作生活，要求各单位加大投入，积极改善车站的外部环境，改善职工的工作生活条件，让职工共享改革发展成果。

面对荣誉，孔庄站区的职工没有停下脚步，没有沾沾自喜，而是站在新的起点上，向着更高的目标攀登，他们提出了“建精品、创一流、中间站不站中间”的奋斗目标。

一年多时间过去了，孔庄站区发生了哪些变化呢？

记者于 2013 年 12 月第二次走进孔庄站区一探究竟。

再次走进孔庄车站，发现眼前的一切既熟悉又陌生，熟悉的是车站还是原来的车站，职工还是原来的职工。通过几天的深入采访和观察，经过与职工的深入交谈，记者发现，现在的孔庄站区真是今非昔比，主要体现在三个方面：一是孔庄职工的生活条件改善了，环境变美了；二是孔庄的新职工增多了，设备更新了；三是职工的精气神更足了，寂静的小站到处洋溢着欢声笑语，充满了生机。

经过几天的深入采访，记者最后围绕这三个方面的变化组织稿件，最终撰写出了《再谱美好家园建设新篇章》这篇 6000 多字的深度报道。

当年 12 月 17 日，《中原铁道报》以图文并茂的形式，用一个整版的篇幅隆重推出这篇文章。

文章一经刊发，再次得到了郑州局主要领导和广大干部职工的充分认可和肯定，在社会上产生了良好反响，对孔庄站区职工形成巨大的精神激励和鼓舞，更激发了他们干事创业的热情。

经过媒体广泛深入的宣传报道，孔庄车站这个先进典型在全国又被再次叫响。在庆祝中国共产党成立 95 周年之际，孔庄车站党支部被中共中央授予“全国先进基层党组织”荣誉称号。

作品分析

这是继《奏响敬业爱岗拼搏奉献的最强音——来自太焦线孔庄站区的报告》之后，时隔一年半，记者重访孔庄站区采写的后续追踪报道。文章全文6000多字，共分3个部分。

尽管车站还是原来的车站，职工还是原来的职工，这篇报道与第一篇报道相比，无论是报道思路、报道主题，还是报道内容、报道角度，都有很大的不同。

一是在内容上体现车站的三个新变化。作为对先进典型的追踪连续报道，记者充分考虑到典型报道的连续性和引领性，在新闻的主题上紧扣郑州局提出的“建设美好郑铁家园”这一主线，在内容上突出一个“新”字，紧扣车站环境和设备发生的新变化，职工精神状态和追求的新变化。

二是在标题上突出时代性。在制作报道的标题时，记者费了不少脑筋，主要的考虑是既要体现出跟进报道的连续性，又要体现时代性，突出郑州局的发展愿景和工作目标——建设郑铁美好家园。所以，经过反复推敲琢磨，最终确定用《再谱美好家园建设新篇章——重访孔庄站区走笔》作为这篇报道的标题。主标题铿锵有力，大气响亮，寓意深远，同时与前一篇《奏响爱岗敬业拼搏奉献的最强音》遥相呼应，既体现出了先进典型与时俱进的时代性，又体现了先进典型报道的持续性。副标题则体现了先进典型报道的追踪连续性。

三是在报道结构上采用板块式。如何让文章层次清晰，方便阅读？谋篇布局十分重要。为此，记者根据孔庄站区发生的新变化，将全篇内容划分为3个相对独立的板块，并分别拟定、提炼出小标题，经过多次斟酌，反复推敲，决定使用以下3个标题。

第一板块的小标题是“环境变了，设备新了，活动多了，孔庄处处尽展新气象”。

第二板块的小标题是“新人来了，笑声多了，动力强了，孔庄站区频增新活力”。

第三板块的小标题是“名气大了，荣誉多了，责任重了，孔庄人誓言再写新篇章”。

这3个小标题，全部使用了统一的句式，不但清晰明了，在统一中有变化，还高度浓缩了各自板块所讲述的内容，充分体现出文章的节奏感和整体性。

从整篇文章的结构上看，层次清晰，段落有致，浑然一体。这3个板块的内容相对独立，小标题语言通俗，高度概括，层层递进。

这篇深度报道被评为2013年度河南省企业报好新闻特别奖。

第三节　调查类深度报道写作

开展调查研究、总结好的工作经验，是新闻宣传工作者的一项重要任务。通讯员要善于观察思考，时时关注本单位的重点工作，摸清实情，及时发现问题，学会分析问题，采写一些有分量、有价值的深度报道，为上级提供工作参考指导，展示新闻工作者的价值和能力。

调查类深度报道是针对某一现象、某一事件或某一社会问题进行深入细致的调查和分析研究，从而发现其内在的本质特征和基本规律，提出对策和建议，目的是引起有关部门的关注和重视，进而推动问题的有效解决或推广好的经验和做法。

新闻调查具有很强的针对性，要挑选那些大众关注的或者上级组织和部门关注的新闻问题或事件。

调查类报道注重事实的挖掘和问题的分析研究。这类深度报道的写作有以下三点要求。

1. 材料要有完整性

这类报道写作要求全面深入、完整立体、客观准确地收集材料，列举大量的相关事例、统计数字和各方意见，在此基础上提出作者自己的见解。强调完整性并不是眉毛胡子一把抓，不分轻重，而是抓住重点、突出关键，这样才具有说服力。

2. 文章要有严谨性

新闻调查的目的，是为了查找原因、寻求真相，推动问题尽快解决。所以，这类深度报道要客观公正，逻辑严密，文字严谨，做到步步为营，切忌片面零碎化、平面静止化。

3. 思想要有深刻性

深度报道有分析、有思辨，通过对大量丰富的材料的深度剖析，挖掘新闻背后的新闻，从而揭示事物的本质和内涵。这就要求调查的问题和事件要有思想性和时代性，对解决工作中的现实问题有促进作用，对推动社会进步发展具有一定的指导和引领作用。

作品范例 1

提质增效的活力从何而来

——安阳综合段实施生产经营一体化管理模式探秘

记者　孟宪明

采写背景

2017 年，为提高铁路企业的安全管理效能，探索安全经营管理的新模式，铁路总公司决定以安阳综合段为试点，推行生产经营一体化管理。

郑州局积极响应总公司要求，扎实推进试点工作。这种管理模式的实际效果到底如何？在安阳综合段成立 9 个月后，记者带着大众的疑问和社会关切，走进这个单位开展深入的调查。

在采访过程中，记者进机关、到车间、下班组，先后召开多次座谈会，与该段的主要领导、机关干部和车间管理人员进行深入交谈，了解实际情况，并跟随班组的职工一起观察体验他们施工作业。经过深入采访，记者收集了大量第一手材料。

在采访中记者发现，这种综合管理模式缓解了人员紧张与工作任务重的矛盾，极大地提高了工作效能。但是也从中发现了一些问题。比如，过去工务、电务、供电等专业与路局机关专业部门实行的是垂直管理，实施综合一体化管理后，出现了专业之间安全规章制度不一致，甚至出现规章相互“打架”的现象。

经过对材料的全面梳理，记者最后撰写了这篇近5000字的新闻调查，从3个方面讲述了实施安全经营一体化管理带来的可喜变化，同时，针对现场职工反映的规章“打架”等问题，又撰写了3000多字的调查报告，以内参的形式呈送给了路局的相关领导和专业部室，很快引起路局领导的关注。路局专业部室迅速分析研究存在的问题，及时修改有关规章制度，不久就使问题得到了有效解决。

作品分析

这是一篇反映郑州局安阳综合段优化调整生产力布局、积极探索生产经营一体化管理的新闻调查。

这篇新闻调查得到了铁路总公司和郑州局领导的充分肯定和好评，称赞记者分析得透彻，写得专业，为上级部门决策提供了科学的参考。

回顾这篇的成功之处，主要体现在以下三个方面。

一是采访扎实。记者深入现场，一插到底，召开座谈会，与干部职工面对面交流，了解职工的所思所想，聆听职工的意见和建议，并多次跟随职工参加现场的施工作业，耳闻目睹，收集了大量丰富的第一手资料。

二是讲述客观。文章以事实为依据，列举了大量的现场事例和真实数据，以及职工的真实感受，具有很强的真实性和说服力。

三是表达清晰。文章在内容上，做到了视野开阔，思路清晰，表述有条有理；在结构上，段落清晰，层次分明，有章有法。

作品范例 2

国宝潞王陵还能撑多久

记者　孟宪明

采写背景

2001 年，位于河南省新乡市凤凰山脚下的全国重点文物保护单位——明代潞王陵，遭到了空前严重的人为破坏。当地的一些个体老板在周边大肆建厂开矿，开山放炮，挖矿采石，肆意侵占景区保护用地，造成了严重的环境污染和文物损坏，当地群众反映强烈。

这一情况引起了当时在《中原铁道报》社会专刊编辑部的关注。为唤醒公民的文物保护意识，2001 年 4 月，记者深入潞王陵景区，对文物破坏和环境污染情况进行了深入调查，采写出了长篇深度报道

《国宝潞王陵还能撑多久》，对此事进行公开披露和曝光，向社会发出了强烈呼声。

这篇调查报道在多家媒体刊发后，立即引起了河南省政府的高度重视。政府果断采取措施，及时关停了陵墓周边的采石场和小企业，并制定保护方案，拨出专款对潞王陵进行修复，使陵墓内的文物和周边环境得到了及时保护。随后，河南省又颁布了《潞简王墓保护管理条例》，国家文物局也正式将潞王陵列入《中国世界文化遗产预备名单》。

作品分析

这是一篇关于文物保护的社会类新闻调查，全文5000字，共分5个部分。这篇作品荣获了2001年度河南省社会生活法制类新闻奖一等奖。

这篇深度报道主要有以下三个特点。

一是关注社会热点。文物保护是全社会、每个公民的共同责任。作为一名有社会责任的通讯员，要关注身边的事、关注大众普遍关心的事。通讯员除了宣传报道好企业内部的新闻，还可以进一步开阔视野，关注社情民意，关注社会热点和百姓生活，用手中的笔和镜头，针砭时弊，弘扬正气，充分彰显新闻的力量。

二是运用材料扎实。新闻调查最重要的是以事实为依据，客观公正。通讯员调查问题要认真仔细，不但要深入采访，了解情况，还要亲临现场，实地观察和验证，收集第一手原始材料。有具体的事实和真实的数据作为支撑，报道才具有严谨性，否则就不客观、不真实。这篇报道就是列举了大量的事实，描述文物遭到破坏的真实现状。有管理部门负责人的讲述，有记者现场的所见所闻。

三是分析问题根源。这篇报道的最后一部分，深刻分析了景区出现这种混乱不堪、荒凉破旧的深层次原因，并提出了一些科学的建议和意见。目的是提醒有关部门高度重视，推动问题及时改进和解决，这是调查类报道的关键所在。

第四节　事件类深度报道写作

事件类深度报道是对社会生活和经济建设中出现和发生的一些重大事件进行的纵深报道，因其自身特有的完整性、深刻性、综合性，能在新闻报道中发挥出巨大优势，从而深受广大读者喜爱。

一、事件类深度报道的写作要求

1. 导向性

采写事件类的新闻最重要的是关注新闻的导向性，不仅要求新闻报道的真实性、客观性、公正性，更要求具有思想性和引导性。要通过报道事实、讲好故事、抒发情感等方式，引起公众的关注。

2. 真实性

社会新闻的真实性是吸引读者的基石。真实是新闻的生命，只有真实的新闻才能赢得读者的信任和尊重。在写作中，应以客观、公正的态度，深入挖掘事件的真相，让读者了解最真实的社会动态，避免夸大其词，更不能造假。

3. 情感性

事件类新闻报道非常注重情感的表达，要用真情实感去打动读者，从而使之产生共鸣。通过深入挖掘人物故事，展现新闻事件背后的情感历程，让读者感受到新闻中人物的喜怒哀乐，体现人情味，从而拉近读者与新闻之间的距离。

4. 可读性

新闻报道的魅力在于可读性和故事性。这就需要在保证导向性、真实性、情感性的基础上，增强新闻的可读性、故事性，要在故事的情节上、细节上下功夫，用曲折的故事、生动的情节和细节打动人。只有做到这些，事件类新闻报道才能受到读者的喜爱和关注。

二、社会新闻的采写要求

社会新闻是对社会事件、社会问题、社会生活等方面的报道。在从事企业新闻宣传工作中，通讯员除了写好企业内部的新闻报道，还应该关注一些社会生活类的新闻。因为，在全媒体时代，社会新闻具有更广泛的传播力和影响力，对推动社会进步有着积极意义，更能起读者的共鸣。

1. 通讯员要有敏锐的新闻嗅觉

采写社会新闻的关键是通讯员要有新闻人的职业敏感。要善于捕捉身边发生的新闻事件，发现社会热点和一些突发事件，发现读者关切的问题。新闻发现是新闻工作者政治水平、业务素质的综合反映和集中体现。通讯员要善于在纷繁复杂的信息流中，发现那些真正有价值的信息，这需要具备敏锐的洞察力和深厚的社会理解。只有深入了解社会，才能准确地把握读者的需求，写出真正有价值的新闻。通过手中的笔，去维护社会的公平正义，推动社会的进步。

2. 通讯员要有强烈的社会责任感

通讯员从事新闻报道工作，要具有强烈的社会正义感和责任感，要有鞭挞社会丑恶、惩恶扬善的勇气和精神。面对一些丑恶的社会现象和问题，要敢于亮明自己的立场和观点，用手中的笔和镜头、以实际行动去反映、去揭露，回应社会关切，为百姓奔与走、鼓与呼。

作为一个铁路系统的记者，做好铁路报道是分内之事，但是，涉及职工的家庭生活的问题，也是要关注的事情，尤其是职工寻求帮助的时候，更要在所不辞、全力以赴去为职工排忧解难，提供力所能及的帮助。

3. 通讯员要有勇往直前的工作激情

从事新闻报道工作，要始终保持一种工作激情。中国新闻界前辈穆青有“激情社长”之称，在半个多世纪的记者生涯中，他用深情的目光注视着中国大地发生的变化，以及这片土地养育出的无数可歌可泣的英雄人物，用如椽之笔写出了大量脍炙人口的新闻作品，为新闻人树立了光辉榜样。

作一名通讯员，要想成就一番事业，就要有一种敢吃苦、肯干事的激情，一种敢试、敢闯、敢干的勇气和气概，有一种不达目的誓不罢休的韧劲。

4. 通讯员要掌握社会新闻的写作技巧

通讯员除了要具备扎实的新闻采写功力，还要掌握社会新闻的采写技巧，努力在增强可读性上下功夫。

社会新闻要将新闻事件置于一个更广阔的社会背景中，通过讲述有意义的故事，让读者了解事件的深远影响。这些故事可以涉及社会问题、道德伦理，甚至是个人的奋斗和成长。它们可以引发读者的思考，激发他们的热情，让他们在阅读的过程中产生对社会的深刻理解。

生动的细节是增强可读性的关键。在报道中应注重对细节的描绘，通过具体的场景、人物言行、心理活动等描写，让读者有身临其境的感觉。

作品范例

高铁“横通”“郑”精彩

——写在郑徐客运专线开通运营之际

记者　孟宪明　高广义

采写背景

2016年9月10日，历时建设近四年、备受瞩目的郑徐高铁正式开通运营。至此，郑徐高铁在郑州东站与京广高铁、郑西高铁实现了互联互通，我国东中西部高铁从此连片成网。

郑徐高铁建设世人关注，作为郑州局的重点工程项目、国家“十三五”期间开通的首条高速铁路，报道好、宣传好，是《中原铁道报》和所有通讯员义不容辞的职责。

对于郑徐高铁的建设，报社高度关注。从2012年12月的开工建设，到2016年4月的联调联试，再到9月10日的开通运营，历时3年9个月，报社一直坚持跟踪报道，先后累计发稿几十篇。

为了做好郑徐高铁开通运营的报道，报社提前谋划，精心组织，记者更是深入到高铁沿线的建设工地实地采访，找工程技术专家和施工单位深入采访，收集大量第一手资料。撰写稿件历时一周时间，反复核对关键新闻要素，请教专业人士审核把关，征求意见，对稿件多次修改完善。

郑徐高铁开通当天，《中原铁道报》上推出了这篇5000多字的深度报道，大纵深、多维度、全方位地报道了郑徐高铁建设的台前幕后、建设者的奋斗历程，以及郑徐高铁对推动东西部地区经济社会发展的重大意义，在路内外产生了良好的社会反响，受到了广大读者的普遍称赞。

这篇报道不仅充分展现了中国高铁的最新建设成果，展示了郑州局干部职工的精神风貌和良好形象，也是《中原铁道报》在重大新闻、深度报道方面的一次成功实践，积累了丰富的经验，得到了很多有益的启示。

作品分析

这是在郑徐高铁全面建成即将投入运营之际，《中原铁道报》推出的、全面反映郑徐高铁建设成就的一篇深度报道。这篇5000多字的深度报道，从4个维度全方位报道了郑徐高铁建设的前前后后，被评为2016年度河南省企业报好新闻一等奖。

这篇报道以恢宏的气势，大纵深、大视野全方位展示了郑徐高铁的建设过程，以及对推动社会经建设发展产生的重大意义。分析这篇文章，主要有以下四个特点。

一是视野开阔。文章的第一部分，讲述了郑徐高铁对郑州这个全国枢纽的重要性，以及对河南省米字形高铁网建设的重大意义。

二是内容丰富。文章的第二、第三、第四部分，用浓重的笔墨，讲述了郑徐高铁建设的艰难历程，用分块结构对各个系统各个部门如何确保施工进度和工程质量，如何攻坚克难、强力推进，进行详细描述。内容丰富，故事感人。

三是层次清晰。尽管涉及的内容很多很杂，但是记者从众多材料中进行提取，巧妙布局，合理运用材料谋划了文章结构，使文章分块组织，层次清晰，段落有致，逻辑严谨，繁而不乱。

四是语言流畅。文章引经据典，语言轻松流畅，文字清新，便于读者阅读理解。

第五节　人物类深度报道写作

人物类深度报道，是以人物为报道对象，深度挖掘一个人或几个人的思想、言行和事迹的报道。它主要是在一个主题贯穿下，运用丰富的故事情节和典型的事例材料刻画表现人物，展示人物的工作业绩、道德情操和精神追求。

一、人物类深度报道的要求

在采写人物类深度报道的时候，重点要把握以下四个方面。

1. 用客观的眼光看待人物

俗话说，金无足赤，人无完人。采写人物报道的时候，要实事求是，真实客观，不能为了树立人物的高大形象而把人物绝对化和片面化，甚至走极端。这样既不符合实际，也不客观。所以在写人物报道的时候不能以偏概全，要用客观的眼光看待典型人物。

2. 突出人物的典型事迹

对人物类的深度报道，应注意挖掘人物身上与常人不一样的地方，挖掘典型事迹，通过报道人物事迹反映人物的特点和个性。只有把故事讲好，人物才可能丰满起来。

3. 立体式展现典型人物

在采写人物类深度报道的时候，要从多个角度、全方位审视人物，这样才能做到全面、真实的展现，才会使人物变成一个有血有肉、鲜活生动的人，进而将其塑造成一个立体的典型人物。一定要对人物进行深刻、细微的观察，更要透过现象看本质，透过典型人物活动的基本情况，去捕捉他们的思想境界、行为动机，从而挖掘出人物不同层面的性格与特点，不能仅仅停留在事情的表面。

4. 以情动人以理服人

人物类深度报道最重要的是要以情感人，以理服人。要通过一些典型的故事刻画人物的内心世界和人物形象。要善于说理，不能一味地说教。这就要求通讯员要有扎实的文字功底和驾驭文字的能力，善于用事实说话，让读者感到信服。

作品范例 1

一位老人捐献遗体的前前后后

记者　孟宪明

采写背景

这篇报道是记者从身边同事聊天内容中得到的新闻线索，之后进行跟踪采访，先后到老人的家中，与他的亲属子女进行了深入交流，并到老人原来的单位进行了解。

这篇报道见报后，被《华西都市报》《三秦都市报》《三湘都市报》等全国多家都市报转载，产生了良好的社会反响。

作品分析

这篇人物报道讲述的是一位铁路职工捐献遗体的故事，记者以开阔的视野，从多个角度、多个侧面讲述了老人捐献遗体的前前后后。

这篇报道有以下四个特点。

一是标题醒目。标题人物类深度报道来说非常重要，一个好的标题，可以吸引读者兴趣，引起读者的关注。这篇报道的标题，设置了一个悬念，由此吸引读者继续看下去。

二是语言质朴。文章没有华丽的辞藻，而是用最平实的语言和最接地气的文字，讲述老人的一生。

三是故事曲折。运用了大量生动的事例和故事，讲述老人不平凡的一生，有情节、有描写，让读者有一种身临其境的感觉，具有很强的可读性。

四是站位高远。文章的最后一个部分，从老人捐献遗体引出了人们关注的社会话题，从而升华了报道主题，提高了文章的深度，提升了报道的社会价值。

作品范例 2

郑州有位毛主席两次接见过的修鞋匠

记者　孟宪明

采写背景

这篇人物报道是记者偶然摸排的新闻线索，并由此采写完成的作品。

在报社附近的一个集贸市场里有一个修鞋摊位，摊主是位老人，记者经常光顾。记者发现，这个老人与众不同，快人快语，手艺精湛，修鞋速度飞快。他那双粗壮有力的大手，引起了记者的注意。闲聊中得知，作为劳动模范，他曾受到毛主席的两次接见。随着交谈的深入，记者发现老人身上有很多故事，于是专程到他的家里和原单位进行了深入采访。这篇报道见报后，被国内多家报刊转载。

作品分析

这篇作品4800多字，共分5个部分，从主人公的人生经历、爱情故事、工作业绩、退休生活等方面，讲述了他平凡而又不平凡的人生。说他不平凡，是他有“神手鞋王”的称号，曾获得过很多荣誉，先后两次被毛主席接见；说他平凡，是他朴实的外形、平淡的追求和他摆摊修鞋的晚年生活。分析这篇人物报道，主要有以下三个特点。

一是故事性强。文章没有刻意地拔高人物，而是用大量的事例和平实的语言，讲述老人从一个讨饭娃逐步成为一名劳模的过程，尤其是用浓重的笔墨讲述了两次受到毛主席接见的情景，有人物的活动，有故事和细节，真实生动，故事性很强。

二是人物鲜活。在人物形象刻画上，用了大量的叙述和描写，记录老人生活中的点点滴滴。比如，如何苦练本领提高工作效率，如何夜以继日赶制军鞋支援抗美援朝，退休后退而不休，如何服务社会等等，通过这些事例，向读者展现了人物鲜活的形象和高尚的思想境界。

三是结构清晰。主人公的人生经历非常丰富，在采访中，记者收集了大量新闻素材。如何合理运用这些材料，如何谋篇布局，确实费了不少心思。在文章结构上，记者按照时间先后顺序串起，从主人公的少年、青年、中年、老年时代展开，同时，划分为5个板块，每个板块讲述不同的内容，有爱情故事，有工作故事，有退休生活等等，条理清晰，便于读者阅读。

第六章

新闻评论写作

新闻评论是记者或通讯员对有价值的新闻事实和社会现象，运用分析和综合的方法，提出和发表自己的意见、阐明观点、表明态度的一种新闻文体，具有鲜明的针对性和指导性。

新闻评论属于论说文的范畴，是媒体上十分常见的一种新闻文体。在全媒体时代，新闻评论写作是通讯员必须掌握的一项技能。

本章将介绍新闻评论的基本知识和写作方法、要求，探究新闻评论选题的确立，列举并分析一些新闻评论范例作品。

第一节　新闻评论基本知识

一、新闻评论的含义

新闻评论是新闻机构所发表的言论的总称。它主要指记者或通讯员针对现实生活中的新闻事件、热点话题、社会现象等重要问题，直接发表意见、阐述观点和表明态度。

新闻和评论在内容上表现为一实一虚，如同鸟的双翼，构成了媒体的两大文体。评论的目的是运用辩证、科学的观点和方法，对现实社会生活中的事物、现象、问题进行评析议论，透过现象揭示本质，从而分清是非曲直，以明确的意旨，提高人们的思想认识，从而指导社会实践，推动社会进步。

二、新闻评论的作用

对媒体来说，新闻评论就是旗帜，就是方向，它代表着媒体的观点，表明媒体的态度，发挥着引导舆论的作用。以报纸为例，报纸不仅是报道新闻的载体，更要表达媒体自己的思想和观点，发出自己的声音。归纳起来，新闻评论有以下四个方面的作用。

1. 引导作用

媒体是党的宣传思想文化工作的重要组成部分和舆论阵地。作为党的喉舌，媒体就是要坚持正确的舆论导向，运用马克思主义的立场、观点和方法，对现实生活中的新闻事实和重要问题作出理性的分析，旗帜鲜明地提出自己的观点和主张，树立正气，针砭时弊，帮助群众明辨是非，为群众解疑释惑，弘扬主旋律，传播正能量，为人们正确认识形势指明方向。

作品范例

履职尽责守护万家团圆

胡会东

2. 监督作用

舆论监督是媒体的一项重要功能，而新闻评论则是舆论监督的一个重要形式和利器。媒体在坚持正确舆论导向、正面宣传为主的基础上，应充分发挥舆论监督的功能，揭露和抨击各种腐败现象、不良之风和不正之风，从而形成强大的舆论声势和压力，对改进工作的缺点、维护社会稳定、推动各项工作高质量发展具有重要意义。

作品范例

直面问题　勇于担当

记者　于培培

3. 表态作用

新闻评论代表着一个组织和机构对当前一些重要问题和事件的观点、态度和看法，指导和引导受众的意见走向和行为走向，形成社会性的舆论压力，发挥引导和监督的作用。

作品范例

创造更便捷的春运体验

胡会东

4. 深化作用

通过对新闻事实的深入分析，站在政策、理论和思想的高度，发表自己的看法，表明自己的态度，进一步提出分析解决问题的方法，帮助和启发群众深化认识。

作品范例

不断改善群众出行体验

胡会东

三、新闻评论的特点

新闻评论作为一种议论性新闻文体，具有以下四个特点。

1. 新闻性

新闻评论，一方面是指对社会现象和新闻事件进行评论，另一方面是指评论文章中所涉及的事实具有新闻性。新闻评论的新闻性，是区别于文学创作和理论研究的根本属性，它仅限于对最近发生的事实、当前存在的社会问题和思想倾向进行评价论理，发表主张意见，从而指导群众思想，促进社会进步。

2. 时效性

新闻评论的时效性，主要体现以下两层意思：一是当新闻事实发生和出现后，要在最短的时间里完成评论的写作，越快越好；二是写出的评论作品能够在最短的时间里传播出去，时间越早，传播效果越好，价值就越大。

3. 理论性

新闻评论着重从思想认识、政治导向、社会伦理的角度分析新闻事件和社会现象，以说理为主要手段，有着严密的逻辑性和科学性。

新闻评论的理论性体现在实事求是，说理要讲科学性，即符合历史唯物主义和辩证唯物主义的观点；说理要讲理论根据，而这种理论是经过历史检验过的，是科学的，具有普遍性的规律。

4. 思想性

新闻评论是媒体的旗帜和灵魂。所谓旗帜和灵魂就是媒体的思想意识和政治意识。在一篇新闻评论的字里行间，要渗透出深刻的思想性和政治性，要体现社会主义核心价值观。

四、新闻评论的种类

新闻评论从形式上划分，一般包括以下五种类型。

1. 社论

社论是代表编辑部就全局性或重大性问题发表的指导性评论，是分量最重、最权威的言论。

社论具有鲜明的政治性、政策性和针对性，是其他评论文体所不能代替的，在各种形式的新闻评论中分量最重。

例如，中共中央的机关报《人民日报》，每逢党和国家召开重要会议，制定和出台一些重大路线方针政策的时候，报社都会围绕某一主题发表社论，阐明其重大意义，论述如何贯彻落实，要达到什么效果。

社论的写作，首先要集思广益，集体研究。社论是代表编辑部而非代表个人的意见，因此针对什么样的事件和问题，选定什么样的论题，表达什么样的中心论点，都应该集思广益，集体研究。

一般由编辑部提前研究和拟定社论的选题方案和内容纲要，呈送给有关部门和领导审阅。经审核同意后，由社论的作者开始撰写，文章形成后由编辑部讨论修改，最后再交给总编辑把关定稿。整个过程要贯穿着集思广益、集体研究、认真负责的精神。

其次，要明确社论写作的基本要求。社论是针对当前重大事件和迫切问题选题立论的，要将回答广大受众普遍关注和急需回答的问题作为立足点和出发点。因此，社论写作要体现出“快、稳、深、重”的特点。

快，就是新闻性和针对性；稳，就是立论和结论都要正确、公允；深，就是在评人、议事时，要说得有深度、有力度、有见解；重，就是内容要充实，分析要透彻，做到掷地有声、入木三分。

再次，语言要简练、通俗、生动。社论写作要尽量运用朴素生动的语言，做到准确简洁，通俗易懂，平易近人。要把一丝不苟的精神贯穿于选题、制题、写作、修改等各个环节和全过程。

2. 评论员文章

评论员文章是报纸、广播电台、电视台节目中，以“本报评论员”或“本台评论”为署名的一种评论，是目前媒体上最常见的一种形式。

评论员文章的形式基本上包括三种，即：不署名的本报评论员文章、署名的本报评论员文章和本报特约评论员文章。

关于评论员文章是否要署名，新闻界业内人士存有不同的意见，因此不能一概而论。它既有官方色彩又不完全代表官方，有比较大的灵活性和自由度。

特约评论员文章，是由评论员文章演变而来，这是一种“超重型评论员文章”。评论员文章冠以“特约”二字，目的是加重文章作者的身份。

评论员文章的郑重程度和重要性仅次于社论，通常不去全面论述重大问题，而是选取一个重要角度从侧面展开，对决策、问题作深层次分析。

作品范例

一步一个脚印坚定前行

本报评论员

3. 短评

短评是针对某个最新出现的社会问题或者社会现象进行的简短评论，一般在 1000 字之内，其规格低于评论员文章。

短评与新闻的关联度更强，按照一事一议、一理一评的原则，开门见山，针对一个问题、一个事件或一种现象进行评论，把道理讲深讲透。这是媒体上常见的新闻评论形式。

短评的写作要求是，内容必须有新意，要有独到的见解，评论要深刻，笔法运用灵活，要给读者以新鲜感，以获得更多受众的关注和共鸣。

作品范例

把服务做到旅客心坎上

胡会东

4. 编者按

编者按是一种附于新闻报道或文章、画龙点睛式的简短新闻评论，是编者对自己所编发的新闻稿件所加的评论、提示或补充性说明的文字。这是一种最简短、最轻便的评论形式，通常只有二三百字，甚至只有一句话。

就编者按的性质和内容来说，大致可分为两类。

一类是说明性按语。它的目的在于帮助读者理解新闻的内容，说明有关情况，以引起读者的阅读兴趣和重视。

另一类是政论性按语。它的主要职能是提纲挈领、简明扼要地点出新闻报道或文章的中心思想，提示事物的意义，便于读者领会；或者是依托新闻报道或文章及时地传达上级的有关最新指示精神，交代或重申有关问题的政策界限。

编者按语一般要附于新闻报道，不能单独发表。

编者按的写作因作品内容不同、编辑意图不同，写法有很大差异，大致上有两种类型：一是介绍型，是指介绍作者简历、文章写作背景和经过，以及考证、核实文章中的某些材料，旨在突出文章重点，扩大宣传效果；二是评论型，明确表示编辑自己的观点，发表旗帜鲜明的议论，以启示读者。无论哪一种类型，都应简明扼要，干净简练，不能拖泥带水、含糊不清。

5. 专栏评论

专栏评论是一种个人署名、长短不一、形式灵活的评论形式。在形式上，一般有固定的刊发时间、固定的栏目名称、固定的署名作者。专栏评论的名目繁多，有的叫小型评论，有的叫微型评论，有的叫小言论，写法介于评论和杂文之间，一般属于个人投稿，不代表编辑部的意见，大多短小精悍，就事说理。文章的字数一般在 1000 字以内。

专栏评论从内容看，一般包含两大类：

一类属于思想评论，着重从思想、理论问题入手，写作要求更像政论文体，论理说事比较透彻。如“每周评论”“百家论坛”等栏目。

另一类是微型评论或小型言论，只有七八百字，文章短小，更具有新闻性。这类言论往往以某个新闻为由头，就实论虚，言之有物，直奔话题，多发在新闻版面，以引起广大读者的关注和重视。如“大家谈”“群言堂”等栏目。

《中原铁道报》在第一版要闻版创办的专栏“每周话题”已经持续了多年。该栏目紧扣郑州局集团公司各个时期、各个阶段运输经营、安全生产、铁路建设、民生建设等重点任务和重点工作，由记者及时快速撰写评论,以“梅小平”（意为每周一小评）的署名，每周推出一篇八九百字的新闻短评，深受职工欢迎。这个栏目被评为了“河南省新闻名专栏”。

专栏评论一般具有以下四个特点。

一是选题小。专栏评论的选题角度较小，标题也很具体，从小处落笔，只反映全局中的某一个问题。凡是在现实工作中需要引起重视的问题，都可以发表议论。

二是立论深。就是角度新颖，分析得深刻、有新意。对主题的挖掘要深，即在分析问题、阐述观点时，要层层分析，揭示事物的本质所在。

三是言有物。首先要有新闻事实，要有鲜明的针对性，强烈的新闻性，具有时代感；其次事实要准确，内容要充实。在写作上，往往是根据某个具体的新闻事实，因事说理，及时地反映社会生活和工作中出现的问题和倾向，推动社会生活和工作健康发展。

四是群众性。专栏评论最能体现它的群众性，从形式到内容，再到作者，都是开放性的。专栏评论一般由作者个人署名发表，作者可以是编辑、记者，可以是通讯员，以及社会各界人士。

作品范例

全力打好今年春运这场硬仗

记者　唐哲

第二节　新闻评论写作方法

一、新闻评论写作技巧

新闻评论的结构，是指揭示主题、谋篇布局、展开论证的内容组合形式。新闻评论与消息、通讯等体裁有着很大的不同，消息、通讯是以讲述新闻事实为主，兼顾评论，而评论则是就实论虚，以论证讲理为主，说事为辅。新闻评论的结构形式，一般包括评论的标题、开头、主体和结尾等要素。

1. 评论标题

标题是一篇新闻评论的关键，它代表着作者的主要观点，发挥着纲举目张、统领整篇文章的重要作用；也是评论文章的门面，是读者是否继续深读的重要因素。

通讯员在制作评论标题时，可以从以下四个方面进行揣摩和思考。

一是将主要观点写入标题。观点从何而来？主要来自作者对问题本身的深入思考和辨析。一旦找到好的观点，好标题就水到渠成了。标题可以高度浓缩文章的核心观点，提气传神，统领全篇，让读者一眼就能接收到作者的主旨。

二是将一些“新词”“关键词”写入标题。新概念、新理论可能会推开思想之门，会给读者提供一个崭新的思考角度。

三是制作设问型的标题激发读者兴趣。一般的新闻评论写作都围绕一个引人关注的核心问题，即使文章不一定能提供鲜明的观点，但议题本身的讨论就是有价值的。偏重分析的新闻评论更适合设问型标题。

四是用文学性标题调动情感。有时候，某些新闻评论作品也会带有强烈的感情色彩，比如一些重大事件的相关评论，往往在说理的同时也表达出强烈的感情倾向。

总的来说，主旨鲜明，标题中一定要有文章中的“关键词”；句式要简短明了、灵活活泼；表达力求有文采，有韵味，让读者看了标题后马上想看全文。

2. 评论开头

新闻评论的开头，一般是简要地概括一下新闻事件，然后自然地引出中心论点。在概括事件时，需根据自己的评论角度进行有选择、有倾向、有侧重地简要还原。此外，开头所给出的中心论点应尽可能简洁、清晰且准确，切忌表述冗余、累赘、含糊不清。新闻评论常用的开头有以下三种。

一是开门见山，提出议题。这种方法指在新闻评论的开头直截了当地把评论的话题和大致内容呈现给读者，使读者在阅读或观看时能够有一个明确的针对性和方向性。

二是找出由头，引出话题。先用新闻事件作为由头，简要叙述事件的经过或特点，从而引出下文。这个类型也是评论写作运用最多的一种。

三是交代背景，说明动因。在新闻评论的开头部分交代与评论话题相关的背景情况，从新闻事件的背后揭示出评论本身的现实意义。

总之，在新闻评论的开头，需要提出问题，明确议题，以便下文展开论述。

3. 评论主体

评论主体是最富有变化的部分，内容复杂，篇幅较长。一般采取三种结构形式，即纵向展开式、横向展开式和纵横交叉式。

纵向展开式结构，也称递进式，是指文章前后层次是逐层逐步深入的关系，各层次间由浅入深，由表及里，层层递进，环环相扣，使问题的论述逐步趋向深入。

横向展开式结构，也称并列式，是指文章前后各层次之间是一种平行、并列的关系。在层次与层次之间，紧紧围绕着一个中心论点，分别从不同的侧面和不同的角度去分析和论证。但是各个层次的内容之间又有内在的逻辑关系，具有一定的关联性。

纵横交叉式结构，或称综合式，这种结构一般适用于篇幅较长、容量较大、涉及面较广的评论文章。这是一种纵式和横式相结合的结构方式，它既注意纵向的逐步推进，又注意横向的互相联系，使文章的论点能得到更为充分和广泛的论述。

4. 评论结尾

评论的结尾是全文的有机组成部分，是对全文的自然结束，要简明扼要，自然顺畅，既不要画蛇添足，也不要虎头蛇尾。在社论、评论员文章中，大多是采用号召型、鼓励型的结尾。短评和专栏文章中，生动活泼、别出心裁的结尾也不少。新闻评论常用的结尾有以下两类。

一是概括式。结合上文的评论内容总结全文，以加深读者对全篇评论的总体形象，可以起到强化主题观点的作用。

二是展望式。通过提倡或者建议进一步解决问题，也可以表达对未来的展望。

总之，在撰写新闻评论时，评论的整体结构应做到内容完整、论述严谨、结构匀称。

二、新闻评论的三要素

一篇新闻评论一般由论点、论据和论证等三个部分组成，俗称新闻评论的“三要素”。

“三要素”完备是新闻评论的基本要求，否则就不完整。论点是观点、是思想，要求鲜明、正确而富有新意；论据是有形的实体，必须是典型的、有说服力的；而论证贯穿于整个论述的全过程。评论的三个要素间的关系，犹如人体的灵魂、血肉和骨骼间的关系。论点是评论的灵魂，论据是血肉，而论证则是它的骨骼。

1. 论点

论点是作者对所论述新闻事件或者问题的看法、主张和所持的态度，是经过提炼和浓缩的思想和观念。对论点的要求是正确和新颖，具有针对性。

作者要站在正确立场上，以党的路线、方针、政策为遵循，对客观实际做周密的调查和认真的分析研究之后，对所论述的问题提出看法、主张和观点。它集中反映着作者对某个事物或某个问题的基本见解。

评论往往只有一个总论点，而层次较多的评论在总论点下还有分论点。总论点就是评论的总观点、中心思想，或者叫立意。它贯穿于评论的全过程，支配着评论的各个分论点，以及文章的布局和选材。分论点是总论点的支撑、论据和论证的有机组成部分，犹如一张桌子的四条腿。

2. 论据

论据是论点赖以形成的依据和根据，以及用来证实、验证、说明论点的各种证据。

论据是阐明论点的根据和理由，选取论据要求全面、精当、权威、典型。准确可靠的论据对证明和证实论点十分重要。

论据充分则论点稳固有力，论据精当则论点富有说服力。所谓精当，指的是要选取与论点有紧密内在联系、能够以一当十的典型材料。

论据权威则论点就会更具有影响力。如果论据不充分，论点就空泛，评论就没有了血肉，没有了说服力；如果论据不准确，以点代面，以偏概全，就会使评论出现破绽，论点就难以成立、站不住脚；如果论据不可靠，以假象代替实质，或引出片面性结论，就会得出错误的结论。

论据一般包括事实性论据和理论性论据。事实性论据是指证明观点的具体材料和具体事实。事实是不以人的意志为转移的客观存在。新闻评论中的事实性论据，从不同角度分为新闻事实和背景事实、当前事实和历史事实、典型事实和概括性事实等。

理论性论据指的是已经被实践证明，被人们普遍接受了的正确思想、观点、公理、准则、经验等。

3. 论证

从逻辑角度讲，论证就是组织和运用论据去说明和证实论点的过程和方法；从写作角度讲，论证过程就是把材料和观点有机统一起来，组成一个完整的说理体系的过程。

通俗讲，论证就像一个纽带，把需要的论据围绕着论点组织、贯穿起来，使两者有机地结合在一起。严密的论证使新闻评论更具有说服力。

三、新闻评论的基本论证方式

新闻评论的论证，从不同的角度一般可分为立论和驳论、直接论证和间接论证。

1. 立论和驳论

立论就是提出一个观点，再用典型的论据一一证明自己观点的正确性。

驳论就是批驳，证明论敌错误的观点，从而间接地证明自己观点是正确的。

在实际写作中，立论和驳论两种方式常常结合在一起使用。一篇立论性评论，为了说理更有力，常常要树立一个靶子，树立一个假设的论敌，在局部范围里采用驳论手法。同样，一篇驳论性评论，在论证分论点时，有时也采用立论手法。

2. 直接论证和间接论证

直接论证就是用论据直接证真或证伪，即直接证明自己观点的真理性、正确性，或者直接证明论敌观点的错误荒谬性。

间接论证就是通过否定论敌观点的正确性，证明自己观点的正确；或者通过证明自己观点的正确，证明论敌观点的错误。

四、新闻评论常用的论证形式

新闻评论的论证比较讲究逻辑性，一般包括演绎推理和归纳推理两种论证推理形式。

1. 演绎推理

就是从已知的公理、定理出发，推证尚待证明的论点的方法，是由一般到个别的推理方法。尤其是运用理论论据，就要采用演绎推理。

演绎推理的论据，必须要恰当地证明具体事物的本质、属性，必须对论证对象有理论的涵盖性；这些论据还必须是读者公认的真理，而不是一部分人的偏见，否则就会“言不及义”，证明不了自己的观点。

2. 归纳推理

就是与演绎推理相对应的一种论证方法，是从个别、具体到一般的论证方法。就是将几个具体的事物归纳起来，抽象出其共同的本质、共同的属性的方法。

这种方法以事实性论据为依托，所以必须选择和论点有内在联系的典型事实。如果事实和论点间没有必然联系，仅仅是偶然的联系，或者是牵强附会式的联系，必然导致论点的不可靠。

第三节　新闻评论写作要求

作为基层通讯员，初学者比较适合撰写一些新闻评论，因为这类评论论点单一，容易上手和驾驭，可以围绕某个事情、某种现象发表自己的看法和观点。

新闻评论写作的总体要求是：观点鲜明，逻辑清晰，论据准确，论证有力。

新闻评论在写作风格和写作内容上有着不同的要求。

一、在写作风格上的要求

1. 表达深入浅出

深入浅出，就是要把深刻的思想内容与通俗的论述有机结合起来。对问题不仅要了然于心，更要了然于口与手，真正能够做到以辞达意，能使读者理解或接受，更能使读者受到感染。

2. 论述形象生动

形象生动，就是文章风格要生动活泼，语言鲜活。在论述抽象道理的过程中，可以适当穿插一些鲜活的内容，使评论不仅有很强的逻辑性，又富有形象性，从而增强评论对读者的吸引力和说服力。

3. 语言清晰准确

新闻评论的语言要立论明确，观点清晰，论证过程中要逻辑严密，注重清晰表达，切忌模棱两可，层次混乱。所谓“掷地有声”，正是对新闻评论语言准确生动的形容。

4. 行文朴素精练

新闻评论的朴素，就是在说理论述时，要力求平易自然，把作者的观点和意见准确地表达出来。内容实事求是，语言质朴畅达，这里既有写作态度、思想感情的问题，也有语言文字表达的问题。所谓精炼，就是要用恰当的篇幅，精准的语言，把评论的内容和感情生动又准确地表达出来。

二、在写作内容上的要求

1. 论点力求“准、新、深”

多数新闻评论都属于跟踪现实生活中发生的具体事件和社会现象的说理小型评论文章，它不正面接触大政方针、大是大非的问题，而是对具体的问题发表看法。

评论讲究的是“准、新、深”，就事论理、有感而发。首先，新闻评论的论点要尽量具体单一，做到有的放矢。“准”是指评论的基本观点正确、切合实际，又合乎情理，恰如其分，这也是保证评论的舆论导向正确的必要条件。“新”指的是见解新颖、论点新颖，能给读者以某种思想启迪，给实际工作以新的启示，同时要求运用新的事实材料、新的论据，并寻找新的立意角度。“深”就是要把评论涉及的基本道理与中心论点分析论述透彻。

2. 讲理力求“实、事、清”

评论的最大特点就是讲事说理。新闻评论尽管篇幅比较短小，但是一定要把道理评出来，把道理讲清楚，这一点和其他评论以及别的说理文章大同小异，重在“说理”。评论说不出一定道理，无论长短无论论点怎样高明，都是不合格的评论。

有些通讯员在撰写评论时，往往只叙述一下评论由头，接着就是喊口号，或批评几句，或罗列出一些观点，之后就匆匆收笔，言之无物，讲不出让人信服的道理，这就使评论失去了它应有的力量。究其原因就是缺乏事实论据的支撑，说理缺少理性思维。所以，要通过摆事实、用对比、讲道理等手法，充实自己的论证说理过程，把道理讲清楚。

新闻评论十分重视文章的内涵和思想性，通讯员要提高站位，用开阔的视野去认识和分析局部的问题。文章只有有了一定的高度，才更有说服力。

3. 论述力求“短、平、快”

新闻评论是针对新近发生的问题或事实所作的评论，具有新闻和评论的双重性，同时更要求时效性，因此，文章需要及时跟进，做到“短、平、快”。

评论在内容上，要多采用简洁明快、直截了当的论述节奏，做到言简意赅，一语中的。对于评论的事实，要用尽可能简明的语言交代清楚，不需要过多的铺垫，也不需要绕弯子、拖泥带水。评论部分的内容则宜开门见山，直奔主题，直接告诉读者自己要表达的观点，要有很强的针对性，不可假大空。

论证问题更要做到简明扼要，文字精练，力透纸背，是非曲直的根据何在，点到为止，而不能像写学术论文那样引经据典、长篇大论。

通讯员采写评论的时候，要注意控制文章的篇幅。短论大多控制在四五百字左右，中篇评论不超过 1000 字，长篇评论不超过 2000 字。

作品范例

念好春检“三字经”

邓寒曦

作品分析

这篇 600 字的小短评围绕铁路春检这一话题展开评论。

文章开头作者首先提出了自己的观点：“想要切实保障春检工作取得实效，就必须做到细排查、精整修、深管控，及时发现并消除潜在的安全隐患，筑牢运输生产安全防线。”

接着在正文部分，从“细排查”“精整修”“深管控”三个方面展开，分别论述春检的重要性，以及要采取哪些措施、哪些行动，才能保证春检工作取得实效。

这篇评论篇幅短小精悍，语言生动活泼，文字清新流畅，层次清晰，逻辑严密。

第四节　如何确立新闻评论选题

新闻评论作品有没有影响力，能不能指导现实工作，选题十分重要。通讯员身在基层，大多工作在生产第一线，写好新闻评论，一定要围绕企业的中心工作和重点任务，做到有的放矢，融入中心，推动工作。那么寻找评论话题，确立评论选题可以从以下四个方面入手。

一、紧跟国家大政方针找选题

这是党报及机关报比较常见的一种评论。这种评论主要是针对贯彻落实上级各项工作部署、指示精神，向职工群众表明态度和立场。这方面选题，重点是要吃透上级精神，找准工作方向，在政治上、思想上、行动上与上级组织保持一致。这种评论具有很强的指导性和引领性，发挥着举旗领航的作用。

作品范例

奔驰在希望的田野上

记者　张耀云

作品分析

2022 年 10 月 16 日至 22 日，党的二十大在北京召开。为迎接党的二十大胜利召开，这篇评论以郑州东站开通运营十周年为新闻由头，以时间为轴线，讲述了党的十八大以来，中原铁路儿女牢记习近平总书记的嘱托，加快河南“米”字形高铁网建设的奋斗历程。

这篇评论立意高远，视野宏大，充满了张力。评论从四个维度分别论述了中原高铁网的建设发展成就、技术装备和服务质量的提升，不仅展示了中国速度和中国力量，更展现了郑铁人守护安全、提质增效、服务社会的使命担当。

文章标题大气磅礴，朗朗上口，文章层次分明，脉络清晰，结构严谨，语言生动活泼。

二、围绕企业重点工作找选题

对企业来讲，各个时期、各个阶段都有不同的重点工作和重要任务。通讯员要紧跟形势任务，及时发声，统一思想，凝聚共识，凝聚人心，鼓舞士气。

作品范例

老站房不老　服务正青春

胡会东

作品分析

这篇评论紧扣人们关注的春运热点，以郑州车站升级改造为话题，引出了铁路部门提升服务质量、温暖旅客出行路的主题。文章围绕“老站房不老，服务正青春”这一论点展开论述，充分体现出人民铁路为人民的服务宗旨。

文章的标题生动形象，朗朗上口；评论的内容聚焦在车站提升服务品质这个点上，话题单一集中，结构紧凑，篇幅短小精悍，语言准确流畅。

三、在先进经验好典型上找选题

这类新闻评论主要是针对企业或单位在某项工作中的管理经验或某种新气象而展开的评论。从不同角度、不同层面分别对单位安全生产、运输经营、民生建设等方面进行深入、理性的分析，从而总结带有普遍性、规律性和可行性的工作方法和工作经验，进一步指导和推动工作健康良性发展。

作品范例

发展无小事　枝叶总关情

记者　于培培

作品分析

这篇评论紧紧围绕民生建设，提出了“推进民生建设，增强职工的获得感与体验感，促进人的全面发展，是企业发展的重要任务目标”的论点。

全篇文章用大量的事实和翔实的数据，论述了郑州局集团公司加大资金投入，积极改善职工生产生活条件，以及干部职工的获得感和幸福感。之后，进一步论证发展与民生相互辩证关系，以及今后应该努力的方向。

这篇评论兼具新闻的时效性和评论的逻辑性，通过摆事实、讲道理，娓娓道来，使文章入情入理，有温度、接地气，充分展现了舆论的正面引导作用，引起读者的共鸣，是一篇可读性极强的佳作。

文章的主题十分鲜明，行文条理清晰，结构严谨有致，逻辑严密，语言清新质朴。

四、从企业管理问题短板上找选题

这类评论主要是针对企业管理存在的短板、漏洞和问题开展评论。这类评论题材很多，话题广泛，比如，有的单位干部作风不实、安全管理不严、工作标准不高、职工“两纪”松弛、违章蛮干等方面的问题。如果问题切中要害，会对改进工作具有很强的警示性和指导性。

作品范例

工作落实岂能“走过场”

记者　唐哲

作品分析

这篇评论紧扣安全管理工作中常见的惯性问题“走过场”展开评论。文章列举了个别职工在日常作业中存在的打折扣、搞变通、不严格、心存侥幸等问题，以及干部在安全卡控措施落实和质量监管中存在的只点头不摇头，不检查、不追踪、不验证、走马观花、浅尝辄止、当“好好先生”等种种不良现象，深入分析其中的原因，揭示带来的严重危害。

文章重点从保持实打实的作风、敢于较真碰硬、健全管理闭环三个方面提出了解决方法和对策。

这篇评论的标题观点鲜明，直击问题，旗帜鲜明；在内容上贴近实际，分析到位，切中要害；在文字风格上，语言犀利，抽丝剥茧，层次清晰，论述有力，对推动安全管理工作具有很强的针对性和指导性。

第五节　如何写好新闻评论

一篇优秀的新闻评论，应该是主题突出，中心明确，结构严谨，有论点、论据和论证过程，逻辑严密，论证有力。

一、优秀新闻评论的基本要素

1. 有立意鲜明的主题

立意，就是看到某种现象或者某条新闻时，产生的感受，萌发的观点和看法，对这些感受和观点加以筛选、提炼，就可以成为新闻评论的主题。

写新闻评论的目的不是发牢骚、唱反调，而是提供解决问题的办法和手段，推动工作的开展和改进，让别人从自己的思路观点中受到启发。

2. 有醒目打眼的标题

新闻评论的标题一般需要直接表达文章的观点。评论能不能吸引读者，标题是关键因素。所以，在确定立意之后，要制作一个醒目打眼的标题，既要作为旗帜表达观点、统揽全篇，也要作为门面，装点文章、吸引读者。

这里需要提醒的是，不能为了抢眼、吸引读者，而故意制造玄虚，要避免标题党，更不能使用惊世骇俗或低级趣味的标题吸引读者。

3. 有引人关注的话题

新闻评论要选择吸引读者或者读者关注度比较高的新闻由头、热点话题，或者就一个社会现象借题发挥，展开议论。

时效性是新闻评论选择话题的一个主要判断标准。及时选择当前的社会热点或突发事件作为话题，可以引发更多的社会关注、讨论和思考。

4. 有严谨充分的论证

新闻评论最关键的环节是论证过程。行文要有严谨的语言、严密的逻辑，充分体现文章的思辨性。作者可以从不同的角度进行论证，或者采取并列式，或者采用递进式，或者是看似漫无目的、实则指向明确、发散思维的散文式。但无论怎么论证，怎么旁征博引，最重要的是用新闻事实说话。

总体来讲，新闻评论的论证过程，就是一个开阔视野、开拓思路、给人启迪的过程。

5. 有生动有力的语言

新闻评论主要是把道理讲清讲透，至于怎么讲道理，可以说是千差万别，多种多样。有的作者善于平铺直叙，用质朴的语言把道理讲清楚；有的作者文章激情澎湃，感情饱满，爱憎分明，引人共鸣；有的作者娓娓道来，让人不知不觉接受其观点；还有的作者语言辛辣犀利，如匕首投枪，善用反语和讽刺，字字充满战斗力。

新闻评论的语言不需要太多的描述，也不需要太多的修饰，但可以用一些修辞手法使内容生动起来，吸引读者。切忌干巴巴地、枯燥地讲大道理，让人感到空洞无物。总之，无论哪种风格，都要力求语言生动、论述有力。

作品范例

让旅客体验更美好

胡会东

作品分析

这是一篇围绕铁路春运主题创作的新闻短评。文章从郑州东站提升服务品质、方便旅客出行切入正题，由此提出了“让旅客体验更美好”的主旨。

文章紧紧围绕“让旅客体验更美好”这一论点，从平安、有序、温馨三个方面展开论述，反映了铁路企业服务旅客、服务社会的使命担当。

这篇评论的标题十分醒目打眼，直接亮明作者的观点。从评论的内容看，紧扣社会热点，紧扣大众普遍关注的热议话题，非常容易在读者中产生共鸣。

从文字风格上看，语言生动质朴，文字精练流畅，全篇只有400多字，篇幅短小精致，便于读者阅读。

二、如何提高评论写作能力

1.要有善于学习的能力

评论写作是一门独立的学问，不仅需要有扎实的写作功底，掌握了解评论写作的一些要求、方法和技巧，更需要学习党和国家的大政方针，具有一定的理论功底和理论素养。只有提高政治站位，才能做到站得高、看得远。

要想提高理论水平，就要多读一些新华社、《人民日报》《光明日报》等报刊的优秀评论文章，多思多看多悟。俗话说，他山之石，可以攻玉。通讯员要从别人的评论中汲取思想观点，充实自己头脑，体会别人的写作思路和思维方式，学习别人的写作逻辑架构和文字语言，领会其中的奥妙，这样就可以扩展自己的知识面。

2. 要有独立思考的大脑

作为一名通讯员，看到新闻话题或社会问题时，要有自己的独立思考和是非判断，不但要有新闻敏感，更要有自己的独立思考、立场和看法，有表达观点的冲动和能力。

通讯员要对新闻有自己的思考和观点，并寻找有关论据、选择合适的论证方法。要通过运用各种论据去分析问题、论证问题，寻找解决问题的办法，最终把道理讲明白、讲透彻。只有这样，才能写出有个性、有特点的新闻评论。评论的每个环节都离不开通讯员的个性化思考、判断和选择。

3. 要有自然平和的心态

在新闻写作的各种体裁中，评论是比较难写的，制约因素较多，需要有丰厚的积累和知识储备。

由于每个人的站位不同，所处环境不同，看问题的视角不同，这就形成了对问题的认识不尽相同。正所谓横看成岭侧成峰，仁者见仁、智者见智。遇到稿件不被报刊采用的情况，通讯员应该自我反思，要意识到自己的稿件肯定存在一些论述不全面、观点不正确、论证不深刻等问题和瑕疵。所以，通讯员要保持一个积极向上、自然平和的心态，多反思自己作品的不足，从中找出问题症结所在，在以后的写作中加以改进完善，不断进步提高，功到自然成。

第七章

新媒体创作

新媒体是全媒体时代逐渐兴起的一种新型媒体形态，它借助互联网、移动设备和社交平台等数字技术，实现了信息的制作、传播和互动。以特有的传播方式和优势，迅速融入社会的各个角落和人们的日常生活中，成为大众获取信息、休闲娱乐、互动交流的重要渠道，也成为新闻传播的重要方式和手段。对报刊、广播、电视等传统媒体带来了巨大冲击和深刻影响。

在全媒体时代，广大通讯员必须适应新形势和新要求，充分运用新技术和新应用，创新媒体传播方式，加快传统媒体和新兴媒体的融合发展，占领信息传播制高点，牢牢掌握新闻舆论的主动权。

本章将主要围绕新媒体的创作讲解新媒体的基本知识、文案的写作和新媒体作品的选题策划，以及新媒体人员如何提高创作能力、防止“低级红”“高级黑”等方面的内容。

第一节 新媒体基本知识

一、新媒体的概念

新媒体是一种依托新的技术支撑体系出现的媒体形态。具体来讲，就是利用数字技术，通过计算机网络、无线通信网、卫星等数字设备，以及电脑、手机、数字电视机等终端设备，向用户提供信息、娱乐、交流和服务的一种传播形态。

与传统媒体相比，新媒体具有信息容量大、传播速度快、互动性强等优势，但同时也面临着激烈的市场竞争和不断变化的用户需求。

新媒体的形态非常丰富，包括微信公众平台、抖音、快手、博客、数字报纸、数字广播、数字电视、手机短信等社交媒体，是继报刊、广播、电视、户外等四大传统媒体之后，出现的另一种新的信息传播形态，被人们形象地称为“第五媒体”。

现在，新媒体在人们的生活中扮演着重要的角色，它改变了公众获取信息、娱乐和交流的方式。公众可以通过社交媒体获取或分享新闻资讯，参与舆论的形成和传播。用户不再被动接受信息，而是可以主动参与信息的互动和分享，形成了一个开放、多元和相互交流的媒体生态系统。

在新闻传播方面，新闻机构可以利用新媒体平台及时发布各类新闻资讯，将信息以更快速、更广泛的方式传递给广大受众。目前，《人民日报》、中央电视总台、新华社、《光明日报》《经济日报》等国家主流媒体都纷纷开设了自己的账号，入驻到各个新媒体平台，很多政府部门和企业也都开设了自己的新媒体账号，用来宣传展示自己的工作。新媒体已经成为政府和企业在意识形态和宣传思想文化领域的一个重要舆论阵地。

二、新媒体的特点

新媒体与传统媒体相比，它打破了媒介之间的界限和壁垒，消融了地域之间、传播者与接受者之间的边界，对传媒行业和社会文化产生了深远影响。具体来讲，新媒体有以下八个特点。

1. 数字化

新媒体以数字技术和互联网平台为依托，集文字、图片、音频、视频为一体，内容和数据都以数字的形式而存在，可以被精确记录、传播和存储，并可以无限地扩展。用户可以随时获取、存储和转发使用，还可以随时查找过往的资讯和相关内容。

2. 网络化

新媒体依托数字网络，通过互联网实现了信息的传输和交流。它消除了时间和空间的限制，使信息做到实时地、全球性地传播。用户只要手持一部智能手机，足不出户就可以跨越地域和国界，及时了解国内国际发生的大事小情、奇闻怪事，获取各类信息资讯。

3. 互动性

与传统媒体相比，新媒体提供了一个与用户的双向交流机制，具有更高程度的互动性。用户可以主动参与信息的生产和传播过程，也可以参与评论、分享和转发，甚至个人可以生产传播自己独立的原创作品。

这种双向互动的模式，让用户不再只是信息的接收者，同时也是信息的生产者和传播者。独特的网络介质使信息传播者与接收者的关系趋于平等，用户可以通过新媒体进行互动，发出更多自己的观点和声音。

4. 多样化

新媒体提供了多种形式的信息和内容，包括文字、图片、音频、视频等，并且可以做到即时地、无限地扩展内容，从形式到内容更加生动活泼。用户可以选择自己感兴趣的内容或形式阅读信息。

5. 个性化

新媒体使用大数据分析和算法规则，可以根据用户的兴趣和偏好，提供或推荐个性化的内容服务。同时用户也可以根据个人的爱好和兴趣，通过新媒体订制自己需要的各种资讯，这使得用户能够更加精准获取自己感兴趣的信息和服务。

6. 实时性

新媒体以其迅速快捷、实时发布的特点深受大众喜欢，用户可以在第一时间获取最新的信息资讯。新媒体与传统媒体相比，可以充分运用强大的软件应用功能，轻松实现全天候在线服务；可以不受时间和条件的限制，做到随时收集、随时加工、即时发布。

7. 多元化

新媒体打破了传统媒体的诸多限制，进一步降低了信息传播的成本和门槛。几乎人人都可以通过新媒体平台发布或传播信息，使得传播内容更加多元化。信息的传播者与接收者的关系逐渐走向平等，也可以相互转换。

8. 可测性

新媒体通过平台的数据统计和分析工具，可以精确地监测分析所发布内容的传播效果，非常容易了解到用户对内容的反馈和互动情况。通过数据分析，信息发布者可以有针对性地进一步优化和改进产品内容和产品质量。

第二节　新媒体文案写作

一、新媒体文案的概念

所谓的新媒体写作，是与传统媒体写作相对比而言的。传统媒体写作，指的是发表在报纸和杂志上的文章。新媒体写作，是指除了传统媒体写作之外的其他写作。比如微信公众号、今日头条、百家号上的文章等，都是以互联网为载体，而形成的具有高传播属性的文字形式。

新媒体在写作形式、内容呈现、互动方式上都有着自己独有的特性，这也为传统的写作体系带来了一股新风，注入了新鲜的血液。

新媒体文案是指在互联网和数字化媒体平台上发布的用于推广企业产品、服务或相关内容、宣传企业文化的作品。

在全媒体时代，新媒体不仅改变着人们的思维模式和阅读方式，还催生了面貌一新的新媒体文案。新媒体文案以其高效便捷、形式多样和互动性强等特征，深受大众的喜爱和关注。

与传统媒体写作的相比，新媒体文案更加注重个性化和多元化，具有更强的针对性和创意性；在文字语言上，更加有个性，更喜欢使用流行的网络语言和网络热词，更加新潮和时尚。

新媒体文案需要在几秒钟内吸引读者的注意力，引导读者继续看下去，因此需要采用生动、形象、独特、新颖、有趣的表达方式，讲述内容，呈现故事。

文案是新媒体信息传播的重要方式和手段，学习新媒体写作必须高度重视文案的写作。

二、新媒体文案的特征

新媒体文案的写作与传统媒体文章的写作有一定共通性，但因为投放渠道的不同、平台不同，以及读者的阅读习惯不同，新媒体文案对写作也有不一样的要求，主要表现在以下六个方面。

1. 简洁精炼

人们阅读和浏览新媒体作品，大多是为了获取信息、休闲娱乐，往往是一目十行，所以，新媒体文案注重文字简洁，短小精悍，要用最简练的文字描述内容和表达观点。因此在撰写文字时，应言简意赅，不讲废话，避免冗长的表述方式。

2. 形式多样

新媒体文案的写作形式相对自由，没有固定的模式，大多都是一事一报、一事一议，有时候更倾向于站在读者的角度，考虑大众的需求，多以说事文或观点文的形式出现。

3. 生动有趣

新媒体文案通常采用生动、有趣的表达方式。在撰写文章时，要学会运用各种修辞手法和有趣的语言风格来增加文章的吸引力和趣味性，这样更容易让读者产生共鸣。

4. 交互性强

新媒体平台注重与读者的互动，因此在撰写文案时，应有意识增加交流互动元素。例如，使用问答、投票等方式与读者进行互动，提高读者的参与度。

5. 运用符号

新媒体文案中常常添加和运用一些表情符号或动图来表达作者情感和意图。在撰写文案时，可以根据内容需要适当添加一些表情符号，美化活跃版面，但要注意不能使用过多，以免喧宾夺主，影响文章的阅读体验。

6. 逻辑清晰

新媒体推送的文案内容大多是碎片化的信息，作为“快餐”信息，更应注重信息架构的逻辑性。在写文案时，要合理安排文章的结构和段落，确保文章内容条理清晰、易读易懂。

了解和掌握以上这些新媒体文案特征，通讯员在撰写文案时将更有着力点，更有针对性，从而增加作品的吸引力和传播力。

新媒体文案的撰写，要遵循简洁明快、直观形象、生动活泼的写作原则，采用易读易懂的写作方式，尽量贴近普通大众的思维模式和阅读习惯，并根据不同平台的特点和受众群体，运用不同的语言风格和表现形式。

三、新媒体文案的写作要领

新媒体文案与传统媒体文章相比，要求文风更加生动活泼，叙述风格多种多样。通讯员在创作新媒体文案的时候，重点要把握好以下三点。

1. 标题制作要醒目点题

与传统新闻作品相比，新媒体文案的标题承担着更多的导读功能，更加注重亮眼和吸睛。

移动化和碎片化是新媒体的一个重要特征。当今由于人们的生活节奏加快，时间、精力有限，面对海量的信息资讯，受众在阅读时首先接触的是标题，一条新闻的内容即使再好再重要，如果标题制作得不够理想，也很难吸引受众去点击阅读。所以，新媒体文案必须要有一个醒目打眼的标题吸引读者。

新媒体文案的标题先于正文部分，具有提纲挈领的重要作用。标题制作要更加注重适应受众的心理。好的标题更容易满足受众的信息、心理和情感需求。

标题是拉近与受众关系的敲门砖，既要用对用准，更要用好用巧。在制作新媒体文案标题时要尽量做到以下三点。

一是要有代入感。尽量使用生动活泼、通俗易懂、生活化、口语化的语句，从而拉近与受众的距离。

二是要带有情感。尽量使用具有一定感情色彩的词语，让受众产生共鸣，共情共振。

三是要守正创新。在遵循传播规律、坚持正确导向、守住安全底线的前提下，大胆创新，大胆尝试。文无定法、标无定论，只要受众认可，可以在标题制作上进行大胆的尝试。

制作新媒体标题同时要避免文不对题和标题过长。标题的内容要与正文的内容相一致，不能为了吸引读者盲目追求标题的爆点。标题要尽量简短。冗长的标题不仅影响读者瞬时获得信息的体验，也不利于编排。最后，标题不能为了追求新意而故作玄虚，更不能庸俗化。

2. 正文写作要言之有物

新媒体文案的正文部分，内容多、分量重，在撰写时要分清内容主次和轻重。一般先写重要的内容，后写次要的内容。

在文章开头，要用概括的语言，说出这篇文章的关键词和核心内容，以便受众快速了解讲述的故事和内容。

在文章结构上，可以按照事件发生、发展的时间顺序讲述故事，也可以按照事件发生的逻辑顺序、空间变化的方式讲述故事，这要根据具体情况而定。

在文章层次上，要做到层次清晰，结构合理，便于阅读。对于事情复杂、头绪较多的内容，可以制作小标题，每个段落表达一个完整的内容，便于受众理解。

在语言风格上，要充分考虑读者的理解能力和心理感受，尽量使用通俗易懂、口语化的语言，少用花里胡哨的词汇，少用生涩难懂的专业术语。多用短句，少用句子成分复杂、文字冗长的句式。

在撰写正文时，还要注重新闻背景的运用。在新媒体文案写作中，背景使用非常重要。新闻背景可以让用户对新闻的了解更全面、更深入。要选择使用那些能说明问题、紧扣报道主题、受众感兴趣的新闻背景。

3. 故事讲述要生动活泼

新媒体文案写作，说到底就是给读者讲故事。如何讲好故事呢?

简单讲，就是要言之有物，多讲事实，少讲空话，把事情说清楚，把重要的故事讲出来，把重要的情节和细节讲生动。

首先，要坚持内容的准确性。要保证信息来源的准确性和客观性，不能夸大或歪曲事实；根据不同的题材和受众需求，深入挖掘事件的背景和原因，确保事实准确无误，真实可信。

其次，要保持故事的完整性。要按照事件发生的时间顺序或逻辑关系组织文章，做到新闻要素齐全，使读者能够全面清晰地了解事件的发展过程。

再次，要提升文章的可读性。无论是讲故事还是写人物，都离不开人的话题。这其中就要有故事、有情节、有情感，要把人物写好写活，做到以情感人，以情动人。

在刻画人物时，要抓住人物身上的特点，运用形象生动的语言、细节的描写、引用有个性的对话等手法，让人物有血有肉，更加个性化和形象化，使人物更加生动有趣，增强读者的阅读兴趣。

在讲述故事时，要抓住事件的核心，围绕一个中心事件、一个中心主题展开，通过完整的情节和生动细节，或关键性场面，讲述事件的来龙去脉和完整的发展过程。

第三节　新媒体作品选题策划

新媒体产品从生产到发布，一般要经过选题策划、编写提纲、现场采访、撰写文案、排版设计、审核校对、质量把关等多个环节和步骤。

选题是新媒体文案创作的第一步。在策划新闻选题时，首先要考虑文案打算在哪个平台发布推送，是在微信公众平台，还是微博、抖音等平台，这样才能做到有的放矢，心中有数。

要想制作生产一条有阅读量、点赞量的优秀新媒体作品，前期做好选题策划十分关键。总体来讲，要围绕有用、有趣、有价值这三个方面进行策划选题。结合铁路系统的行业特点，新媒体作品选题的策划主要关注以下六个方面。

一、关注行业新闻题材

就是要关注行业内、企业内正在发生或已经发生、社会普遍关心关注的重大新闻事件和重要新闻事件，或者重大的工程建设项目阶段进展或工程竣工，或新线新站开通、新设备投入使用，或者企业涌现出的新人新事、新气象、新成就等。

作品范例 1

暴雨后的 24 小时，
郑州的火车站怎么样了？

采写背景

2021 年 7 月 20 日，历史上罕见的特大暴雨突袭郑州，造成部分铁路线中断，郑州东站、郑州站相继被洪水围困，断水断电，大量旅客滞留车站，有家难回。在重大灾害面前，郑州局集团公司迅速启动应急响应，组织干部职工与洪水展开激烈搏斗。郑州站干部职工临危不乱，全员上岗，坚守工作岗位，清理排除站内积水，收留和疏散滞留旅客，全力确保旅客的生命财产安全。

面对重大突发情况，郑州局融媒体中心新媒体编辑部的记者迅速与郑州站，以及局管内其他车站取得联系，了解受灾情况，连夜收集资料，撰写文案、整理图片、制作新媒体文案《暴雨后的24小时，郑州的火车站怎么样了?》，一方面在郑州铁路微信公众号发布，一方面迅速向中国铁路公众号传稿。第二天一大早，这条来自水灾现场的最新报道，就在中国铁路公众号上推出了。作品以图文并茂的形式，生动再现了面对“7·20”特大暴雨，铁路干部职工攻坚克难、众志成城，全力保护旅客生命安全的真实场景。

作品发布仅仅半小时，阅读量达10万，评论近百条，点赞2800多个，迅速被各大媒体纷纷转发。这条新媒体作品被评为第三届“铁路好新闻”融媒体类十佳作品。

作品范例 2

即将亮相！这座高铁站名字有 6 个字

采写背景

2022年6月26日，历时5年建设、社会广泛关注的郑州航空港站将投入运营。在开通前，大众对这座现代化的大型高铁客运站的情况知之甚少，感觉神秘，内心充满期待。

为了满足社会大众的需要和好奇心，在高铁车站开通前夕，郑州局融媒体中心记者走进车站，从站房规模、客运发送能力、站容站貌等方面进行了深入细致的采访，于6月8日以《即将亮相！这座高铁站名字有6个字》为题，在中国铁路微信公众号上推送，向社会大众揭开了郑州航空港站神秘的面纱。

这篇新媒体作品充分发挥新媒体的优势，以文字、图片、短视频的形式，全面、集中介绍了这座新车站的整体情况、站容站貌和现代化的服务功能，为广大读者、网友呈现了一场精美的视觉盛宴。短短一天时间，阅读量就突破10万，点赞量超过2000，产生了良好的社会效益。这篇融媒体作品被评为第四届“铁路好新闻”图片类十佳作品。

二、关注社会热点题材

社会热点包括每年的春运、暑运及节假日等铁路出现大客流、运能紧张、车票难求的重要节点，也包括社会各界普遍关注的问题，还可以是铁路推出新的客货服务举措、助力社会经济发展等方面的内容。

作品范例 1

时速 385 公里！“青铜剑”在新建高铁跑出最高速

采写背景

济郑高铁是河南“米”字形高铁网的重要组成部分，是连接中原城市群和山东半岛城市群的一条快速客运通道，对于强化河南省的交通区位优势，加强区域交流，推动沿线经济社会发展具有重要意义。

作为河南“米”字形高铁网的最后一“撇”，济郑高铁何时建成投入使用，社会各界高度关注。2022 年 2 月，济郑高铁濮郑段完成静态验收后，开始进入联调联试阶段。这标志着济郑高铁已进入开通倒计时。

为确保试验顺利进行，郑州局集团公司郑州机务段选拔 20 多名经验丰富的高铁司机和技术人员组建联调联试小组。他们驾驶着外形酷似“青铜剑”的新型综合检测列车，每天在线路上往返试跑，为线路开通运营作最后的准备。

作为铁路系统的媒体，郑州局融媒体中心充分利用铁路独特的资源优势，组织记者深入联调联试现场进行了全面细致的采访，于2月16日制作《时速385公里！“青铜剑”在新建高铁跑出最高速》的新媒体作品，并发表在中国铁路微信公众号上，向大众揭秘了高铁背后鲜为人知的故事，获得良好的阅读量和传播效果。

作品范例2

这趟车没有旅客，
全程1028公里一站直达！

采写背景

为充分利用高铁列车的运输效能，提高社会物流运输效率，郑州局集团公司决定，利用郑渝高铁每天早上开行的第一列确认车，对外开办行包快件批量运输业务。

关于利用高铁列车运输快件业务这一话题，很早就在社会上引起热议，从事快递业务的物流企业，非常期待早日开通这项业务。郑州局集团公司经过充分调研和论证，决定从2024年1月15日起，正式开办这项业务。

记者抓住这一热点话题，于1月15日对首趟高铁进行了全程跟踪采访，并推出了《这趟车没有旅客，全程 1028 公里一站直达！》。这条融媒体作品产生了良好的宣传效应，引导很多物流企业了解并接洽了快运业务，取得了良好的社会效益和经济效益。

作品范例 3

设计时速 350 公里，开始动态验收！

采写背景

2024 年 3 月 6 日，新建日照至兰考高铁庄寨至兰考南段的动态验收准备工作正式启动，标志着日兰高铁距开通运营指日可待。

日兰高铁是我国“八纵八横”高速铁路网的区域连接线，全长 494 公里，设计时速 350 公里。日兰高铁全线开通运营后，鲁豫两省再添一条快速客运通道，进一步便利沿线群众出行，对改善鲁豫两省区域交通运输条件、促进经济社会发展具有重要作用。

郑州局融媒体中心记者抓住社会各界关注的这一热点话题，及时进行跟踪报道，制作并发布信息《设计时速 350 公里，开始动态验收！》，回应了社会的关切，满足了大众的需求。

三、关注铁路科普题材

铁路是一个大联动机，专业繁多，行业内部分为车、机、工、电、辆等系统，分工明确，还有很多高精尖的技术和装备。通讯员可以关注铁路行业的科技创新、绿色发展、智能化应用等方面的内容和题材，并对此进行深入挖掘。比如，高铁列车上的设施设备、各专业职工使用的新型检修工具、铁路的黑科技等这些对大众来说既神秘又陌生的内容，用通俗易懂、生动有趣的语言一一揭秘。

作品范例 1

时速不到 15 公里，这列火车名字太有趣！

采写背景

这是一条介绍铁路知识的科普类新媒体作品。它向大众详细介绍了道砟从生产到加工，从装车到风动车运输，从风动车自动卸砟，再到道砟铺设在道床上的全过程，具有很强的知识性和趣味性。

俗话说，隔行如隔山。在铁路人看来，这些都是司空见惯的事情，但对外界的普通大众来说，铁路是一个很神秘的行业，其中有很多黑科技或不为大众所知的东西。

郑州局融媒体中心制作的这条《时速不到 15 公里，这列火车名字太有趣！》的新媒体作品一经推出，就受到普遍欢迎。

作品范例 2

装地暖的高铁站，即将建成！

采写背景

郑州航空港站原名郑州南站，2017 年 11 月 20 日开建，2022 年 6 月 20 日投入使用，交通“双枢纽”的定位、融合传统文化的设计布局，使这个车站在诞生之初就是一张对外开放的重要名片，赢得许多社会关注。

《装地暖的高铁站，即将建成！》这条融媒体作品用视频、文字、图片的形式，全方位、立体化详细介绍了新建郑州航空港站的设计理念、建筑风格、站场布局和站容站貌，以及绿色环保的采暖、通风系统，向大众展现了一个时尚、绿色的现代化高铁站，吸引了众多网民的阅读观看和点赞评论。

作品范例 3

铁路宿营车改造完毕！！！

采写背景

发表在人民铁道微信公众号上的《铁路宿营车改造完毕！！！》向大众展示了铁路工务系统一个鲜为人知的特殊工种和岗位——机械化养路工。这些铁路人常年奔波在千里铁道线上，吃住在宿营车上，被称为铁路上的“吉卜赛人”。

为了改善职工的工作生活条件，郑州局集团公司投入资金，对就餐车、生活车、办公车等进行了升级改造。作品向大众展示了升级后功能齐全、设施完备、焕然一新的宿营车。在人民铁道微信公众号上推出后，受到铁路人的广泛关注和称赞。

四、关注服务资讯题材

铁路是国民经济的大动脉，联系着千家万户，人们外出旅行、企业发运货物都离不开铁路。通讯员可以围绕旅客安全快捷出行、快捷购票、旅游打卡热点等方面的内容，提供一些安全旅行常识、列车最新开行动态、加开车次、乘车出行指南、旅游热点线路等方面的服务资讯。

铁路通讯员有着得天独厚的资源优势：一是信息渠道多、沟通顺畅；二是信息来源权威、信息真实准确；三是这类信息关注度高，自带流量。

作品范例 1

这座高铁站横跨两市两县！
网友：今天就在这下车

采写背景

在济郑高铁沿线有一个名字很特别的车站，叫滑浚站，位于安阳市滑县与鹤壁市浚县的交界处，这个车站横跨两市两县，同时拥有两座站房，南站房位于滑县境内，北站房位于浚县境内。

济郑高铁濮郑段开通运营后，不但给当地百姓出行提供了便利，也给来此地游玩的外地游客提供了极大便利。每年的正月十五前后，已有1000多年历史、被国家列为非物质文化遗产的浚县古庙会，都会吸引大批来自全国各地的游客前来游玩观光。

为方便旅客乘车，郑州局融媒体中心的工作人员特意策划了《这座高铁站横跨两市两县！网友：今天就在这下车》这篇新媒体作品，为旅客制订了暖心的旅游攻略，列出了发往各个方向的高铁车次，为旅客提供出行资讯服务。

作品范例 2

高铁站又现"塑料桶"标配？

采写背景

这篇由郑州局融媒体中心制作的新媒体作品以展示古都名城洛阳饮食文化为切入点，列举介绍了洛阳的传统名菜和特色小吃，并且以游客携带塑料桶买"酸浆"为亮点，转而引出旅客乘火车出行携带物品的注意事项。

这个选题的巧妙之处，是从"酸浆"慢慢转到了旅客乘车"三品"安全检查的话题上来。这样的作品很容易引起大众的兴趣，又能推广介绍乘车知识，在中国铁路微信公众号发表后不仅阅读量很快突破10万，还在评论区引发广泛而热烈的讨论。

五、关注铁路站车突发性新闻

铁路站车就像是个小社会，每天有成千上万的旅客从这里乘坐火车出行，经常会发生各种各样意想不到的突发性事件，时刻考验着铁路职工的应急处置能力和服务能力。比如,旅客突发疾病,铁路职工紧急抢救;旅客遗失物品，铁路职工帮助寻找等等。如果能及时发现和捕捉这些突发新闻，及时采访、及时制作新媒体作品对外发布，就会收到意想不到的宣传效果。

作品范例 1

两岁女童追着高铁跑，
监控画面让人揪心

采写背景

2024 年 1 月 21 日 15 时 40 分，在平顶山西站，当 G1477 次列车启动开车后，客运员丁剑峰突然发现站台上一名女童哭着追赶列车，见状他立即飞奔过去将小女孩一把抱起，随后将女童和她的行李带到值班室，之后调取站台的监控查找事由。

原来当天奶奶带着两岁的孙女从上海坐高铁回平顶山市宝丰县老家过年。当列车到达平顶山西站时，奶奶拉着孙女和行李下车后，突然发现围巾忘记在列车座位上，于是返回寻找围巾。就在这时，列车关闭车门开出了车站。最后在车站工作人员的多方协助下，祖孙俩又重新相聚。

记者发现这一线索后，立即联系车站有关部门了解情况，收集车站监控视频等资料，及时制作融媒体作品，向中国铁路微信公众号推荐并很快被采用。

作品范例 2

《大雪封路！高铁变“婚车”！》

采写背景

2024 年 1 月 18 日上午，长治南高铁站迎来一支喜气洋洋的接亲队伍。原来，这天是邢先生和宋女士大喜的日子，家住山西省长治市的宋女士要嫁到晋城市。然而，天公不作美，当地下起了大雪，高速公路临时封闭，接亲的计划突然被打乱。焦急之际，小两口想到乘坐高铁，于是便急忙组织亲友购买车票。车站了解情况后，专门为迎亲团开辟了专用安检通道和专用候车区，并向一对新人送上了新婚祝福。

像这样有趣的事情在铁路站车上经常发生，通讯员只要留心发现新闻线索，及时创作新媒体作品，一般都能产生良好的传播效果。

六、关注重要的节日节点

对新媒体来说，选题策划需要更灵活，新闻靠等是不行的，需要开动脑筋去思考、去琢磨、去策划。在重大的节日、节点，重要的节气和假日，都可以策划选题。这类作品往往因为时效性和接地气收到意想不到的效果，有的甚至会产生轰动效应。

作品范例 1

G2023 次列车，出发！！！

作品范例 2

G2024 次列车，出发！

采写背景

以上两个作品范例时间跨度正好一年，都是郑州局融媒体中心在新年到来之际，提前酝酿、提前策划出来的。在策划迎新年、辞旧岁的选题时，记者发现由郑州客运段担当的商丘—西安—兰州方向的高铁列车，车次为 G2023/2024 次，正好与 2023、2024 公历纪年相吻合。于是，就围绕着这个新闻由头展开策划。新年的第一天，郑州客运段在列车上组织了丰富多彩的迎新活动，更是丰富了新媒体作品的内容。于是，在 1 月 1 日推出了这条别出心裁的融媒体作品，在互联网上产生了热烈反响。

作品范例 3

2000 年 1 月 1 日出生的女孩，

迎来人生中第一个春运！

采写背景

这个作品讲述了晋城北站内勤助理值班员、“千禧宝宝”彭玥参加工作后第一个春运的故事。

从题材来讲，是一个人物故事，详细讲述 00 后铁路职工的成长经历，以及春运期间的工作、学习和生活状态。从内容上讲，尽管写的都是工作生活的一些小事，但是，从很多的细节和情节中折射出了这个年轻女孩勤奋好学、孜孜以求的人生追求。

这篇作品的看点是人物的身份。她是新世纪第一天出生的“千禧宝宝”，也是为春运忙碌的铁路职工。

作品在看点之外，还讲述了两代铁路人的传承故事，发表在人民铁道微信公众号上，引发了很多铁路人的关注和点赞。

所以，在创作新媒体作品的时候，要学会挖掘看点、结合热点，学会找由头、找话题。

第四节　新媒体采编人员应具备的能力

要熟练驾驭新媒体，确保企业新媒体在全媒体时代始终沿着正确的轨道健康快速发展，采编人员要加强学习，不断磨炼，努力提升以下五种能力。

一、敏锐的政治鉴别力

新媒体是党的新闻舆论工作的重要阵地，新媒体采编人员要认真学习党的创新理论和国家的路线、方针、政策，熟悉了解企业和单位的工作部署和要求，努力提高自身政治素养，增强政治敏锐性，牢固树立政治意识和大局意识，在大局下思考，在大局下行动。

新媒体采编人员要紧跟时代步伐，把握时代脉搏，时刻保持清醒头脑，努力做到见微知著，明辨是非，准确发声。要牢记企业新媒体的本质，明确账号的职能和定位，防止出现发布信息不严谨、运营维护不规范、监督管理不到位等问题，切勿过度庸俗化、娱乐化、形式化，否则，将会损害企业形象和信誉，造成不良影响。

二、综合的选题策划能力

精心策划选题，创作新鲜生动的内容，对于传播效果至关重要。采编人员要学会站在受众的角度，用读者的思维，根据不同的平台和不同的用户群体，创作和推送出适销对路、有针对性的内容产品，以提高传播的有效性和实用性。

在选题策划上，要紧紧围绕有趣、有用、有价值等三个关键要素，做文章，下功夫。这不仅直接反映出采编人员的水准能力，也最终体现企业新媒体的定位和指导思想。

在创作的内容上，要紧贴企业的中心任务和重点工作，突出行业特色，注重原创性和独特性，体现专业性和权威性，用优质的内容吸引读者。要善于从海量的行业信息中，敏锐捕捉到有用的信息，结合受众的需求，按照一定的价值标准进行信息的收集和归纳、分析和鉴别，以及信息的筛选与整合，最终总结提炼出具有鲜明特色和正确价值取向的新闻主题。

三、扎实的文字写作能力

新媒体的性质决定了采编人员既要有扎实的理论功底，又要具备丰富的新闻专业知识和扎实的文字写作能力。文字写作能力主要体现在能够熟练驾驭各种文体形式的写作，要有清晰的写作思路，驾轻就熟、力透纸背的文字表达能力，紧跟时代潮流，充分了解和掌握当今和时下流行的网络热词与短语等，并能将这些元素有效地、巧妙地应用在文案中，提高文字的趣味性和可读性。

新媒体面对的是普通大众，采编人员要了解大众的内心和需求，学会换位思考，学会接地气，改进传统宣传的说教模式，要从讲道理向讲故事转变，用大众喜闻乐见的表达方式传播新闻，讲述铁路故事，传播铁路好声音。

四、敏捷的快速反应能力

这里说的快速反应能力有两层意思：一是应对突发舆情的快速反应能力；另一个是遇到突发事件的快速反应能力。

企业新媒体推送发布的信息都是为企业和大众服务的，每一条信息的内容，都直接关系着企业的声誉和行业形象。因此，采编人员要坚持“及时准确、公开透明、有序开放、有效管理、正确引导”的原则，加强舆情搜集，加强舆情分析研判，做到守土有责。

在面对涉及本企业的突发性事件时，新媒体采编人员必须快速反应，沉着应对，主动出击，掌握时机，及时准确发声，牢牢抓住舆论的主动权，做到不误判、不误导、不拖延，全面提升面对复杂舆情的综合应对能力。

在遇到类似站车抢救突发病人、服务特殊旅客等紧急突发事件时，要迅速做出研判，确认是否有新闻价值、是否可以对外发布，如果可以发布，就要迅速组织采访，加紧制作新媒体作品，第一时间对外发布。

五、全方位的创新能力

新媒体的活力在于创新，创新依赖于思想意识、思维方式、采编手段和方式等方面综合能力的培养与创新。在全媒体时代，面对不断扩张和全面开放的海量信息，新媒体采编人员要不断培养求新意识与创新能力，充分利用互联网的技术优势与传播优势，一方面要以开阔的视野和思路，多侧面、多层次、多维度地挖掘铁路行业有深度、有温度、有热度的新闻，实现内容的创新；另一方面要以全新的理念和思维，积极拥抱新技术、掌握新手段，不断研究创造信息传播的新形式，立体化、全方位地发布传播信息，切实实现传播方式的创新。

第五节 如何避免“低级红”“高级黑”

新闻舆论工作是党治国理政、安邦定国的大事，承担着举旗帜、聚民心、育新人、兴文化、展形象的使命任务，做好党的新闻舆论工作事关党和国家前途命运。

坚持正确的舆论导向，弘扬主旋律，传播正能量，讲好中国故事，传递中国好声音，是新闻从业人员的根本遵循和神圣使命。

在新媒体平台上，时不时会看到一些“低级红”“高级黑”现象。比如，一些文章为了宣传先进典型，违背人情常理，刻意制造苦情泪点、过度拔高，甚至断章取义，裁剪事实，伪造事实，把先进典型写成了不食人间烟火、没有人情味儿的“高大全”人物，最终的宣传效果却与树立先进典型的初衷完全背道而驰，产生了不良的社会影响。

对于新闻写作的初学者，一定要提高政治敏锐性，遵守新闻纪律和职业操守，遵循新闻传播规律，采写新闻要做到客观公正、真实准确，防止出现“低级红”“高级黑”现象。

一、什么是“低级红”“高级黑”

所谓“低级红”，就是有意或无意把党的信念和政治主张简单化、庸俗化。

“低级红”可分为两种形式：一种是站在个人主观的立场上，认为自己的言行是“替党说话”，不顾及大众的反应和感受，用无知或极端的态度和文字，表达自己所谓的“正义性”，说到底是一种“自黑”行为；另一种则是有意识地夸大事实，用无原则、无底线的浮夸吹捧，制造轰动效应，引发人们的反感情绪。

所谓“高级黑”，就是一种居心叵测、刻意的“黑”。在文字语言上更讲究技巧、更为隐蔽，有的甚至披着学术的外衣，伪装性更强。在表现形式上，就是极端化地解读党的理想信念、宗旨、方针政策等，达到“黑”的目的。

通讯员应该清醒地认识到，无论是“低级红”还是“高级黑”，无论有些人是主观上的有意、故意，还是客观上无脑、无知，这种现象都会给党的事业和政府的工作带来极其严重的损害。

随着互联网的兴起和普及，信息发布已经呈现出多元化和多样化趋势。据中国互联网络信息中心发布的《中国互联网发展状况统计报告》显示，截至 2023 年 12 月，我国网民规模达 10.92 亿人，手机网民规模为 10.91 亿人。可以说，在网络上人人都是“发言人”，人人都有话语权，这一状况彻底改变了过去传统的新闻传播方式。

所以，通讯员在新媒体的创作中，一定要有政治意识，要有互联网思维，不要盲目跟风，不能随意制造、设计那些违背人伦、不合常理的新闻，一旦出现“低级红”“高级黑”，将造成严重的舆情和不良后果。

二、“低级红”“高级黑”的表现形式

新闻舆论工作有个特点，凡是违背了公序良俗、生活逻辑和人情常理的，就很容易产生负面的影响。下面列举近年来在网络上出现的一些“低级红”“高级黑”五种类型，希望通讯员从中吸取教训，引以为戒。

1. 无脑吹捧、夸大其词的“浮夸风”

一些地方政府部门的媒体和公众号，思想僵化，文风浮夸，还在按照传统的思维方式，煞有介事地编

写所谓的新闻，以致贻笑大方。这些作者不假思考，把本属正常的事情，刻意渲染报道出来，原本是为了吹捧，结果引发了负面舆情，弄巧成拙，自毁形象。

有些新媒体稿件，为了突出人物的敬业奉献、勤勉工作，竟然违背常理随意拔高，结果闹出“自黑”。还有一些宣传扶贫帮困的文章，为了反映扶贫干部是真心帮扶、用心投入，挖空心思找新闻，随意拔高人物，结果惹人反感，从正面走向负面，由“红”变成了“黑”。

2. 任意拔高、用力过猛的“脸谱化”

有的文章宣传干部为了选树典型、树立标杆，不管人情常理，不惜过度美化，任意拔高，结果不仅不能打动读者，还引发网民的反感和议论。有的刻意策划新闻，制造典型，不仅没有收到预期的正面宣传效果，反而弄巧成拙，遭人嘲笑。

一些用力过猛的场景营造和人物设计案例、违背常理的报道，因用力过猛而在网上引发了不小的舆情，造成不良的影响，应该引起通讯员的重视和警惕。

3. 弄巧成拙、自我美化的“唱高调”

有些地方部门为了颂扬美好生活，不顾当时的社会环境和舆论生态，盲目唱高调，自卖自夸，结果弄巧成拙、舆情失控。

有些部门和单位的宣传人员，缺乏互联网思维，缺乏舆情意识和媒介情商，把不适合大张旗鼓传播的事当成好事去表扬，结果把表扬宣传稿写成了举报信。

4. 明褒实贬、暗含讥讽的“软刀子”

有些文章表面上看似夸奖、实际上却是攻击。比如有一个公众号推送了所谓“厅局风穿搭”文章，煞有介事地分析“体制内穿搭美学”，有意无意地在干群关系之间制造矛盾，引起杂音。

有些自媒体账号为了吸引流量，伪造虚构事实，主观臆想，动不动就说谁谁被吓尿了，谁谁被吓跪了，胡编乱造一些让网民热血沸腾的谣言，以显示我们有多强大，敌人多有弱智。在这个信息开放的时代，这些毫无根据的文章，很容易就被网民识破，最终一地鸡毛，被网民打脸。

还有一些赞美类的文章，思维非常低级，不过脑子，随手就来，任意放大。比如，一件好事，被媒体无限拔高，升华出一种精神，甚至说这与组织的培养密不可分。这种生拉硬扯，没有逻辑地吹捧、恶捧，就是典型的“低级红”，让人反感。

5. 小题大做、上纲上线的“扣帽子”

有的文章把一件很普通很小的事情上升为严肃的

政治问题，把一般问题当作工作原则问题，看似维护组织权威，实则损害了党和政府的声誉和形象。

“低级红”“高级黑”现象，虽然主观动机有所不同，但实际上严重损害了党和政府的形象。

面对当今国内外日趋复杂的舆论环境，通讯员要深刻认识到，在传播主流价值观、放大主流声音的时候，既要讲政治、讲立场、讲方向，更要注意讲方法、讲艺术、讲效果。

所以，通讯员在采写新闻时，要坚持实事求是、客观真实，宣传先进典型人物要做到有理有据、合情合理。

在发布新闻前，要多想一想，多悟一悟，认真研判，千万不能为宣传而宣传，盲目自信，一意孤行，不计后果。一旦失去防线，将会造成舆论上的被动，不但有损个人和媒体的声誉，而且给企业的形象带来负面的影响。

后　记

这本通讯员新闻写作基础教材，从选题策划到教材内容编写，从挑选新闻范例到最终定稿，先后历时半年时间。这期间，中国铁路郑州局集团有限公司融媒体中心高度重视，多次召开专题会议研究相关编写事宜，从领导班子到记者编辑，大家集思广益，按照“有用、实用”的原则，提出了很多建设性意见和建议，投入了大量精力，提供了很多有温度、接地气、读者喜闻乐见的优秀新闻范例，使这本教材尽量做到深入浅出，通俗易懂，真正为通讯员从事新闻写作提供一些指导和帮助，成为广大通讯员的良师益友。

基层广大通讯员是新闻宣传队伍中的一支重要力量，大家人在基层，身在一线，在企业内部和自己的身边蕴藏着大量丰富的新闻资源，只要留心观察，用心发现，用力挖掘，就有写不完的新闻事件和新闻人物。只要善于学习，勤于思考，多学多练，坚持不懈，持之以恒，就一定能采写出有品位、有热度、有深度的新闻佳作。

衷心希望广大新闻爱好者能够通过学习一些新闻理论，掌握新知识，开阔新视野，进一步提高新闻业务水平，不断增强本领能力，坚持守正创新，增强脚力、眼力、脑力和笔力，用手中的笔讲好铁路故事，讲好中国故事，为推动铁路高质量发展，率先实现铁路现代化提供强大的舆论支持和精神动力。

编　者

2024年8月